와글와글 초등 경제교육

지혜롭게 '나'를 보호하는
우리 반 경제지능 향상 프로젝트

와글와글
초등
경제교육

김 건 지음

크록

Contents

③ PART 경제교실 사용설명서

④ PART 경제교실 히스토리

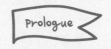

돈은 무자비한 주인이지만,
유익한 종이 되기도 한다.

– 유대 격언

3월 2일. 아이들을 처음 만나는 순간은 늘 떨린다. 교사가 된 지 몇 년이나 지났으니 이제는 익숙해질 법도 한데, 시간이 지나도 새 학기는 설렘과 긴장을 준다. 아이들도 같은 마음으로 교실에 앉아있다. 나는 아이들을 둘러보며 생각에 잠긴다.

자본주의 사회에서 경제는 항상 많은 사람의 최고 관심사였다. 시간이 흐를수록 돈의 중요성은 더욱 커졌고 점점 더 많은 사람이 돈과 경제를 이야기하기 시작했다. 그리고 최근 몇 년 사이에 경제교육에 대한 화두가 빠르게 퍼져나갔다. 어른의 관심은 곧 아이의 관심이 되었고, 이제는 아이들도 돈과 경제에 대해 전보다 익숙하게 이야기한다. 하지만 여전히 생각보다 많은 아이들이 경제에 대해 잘 모른다.

한국인을 대상으로 조사한 금융이해도 관련 뉴스를 보면서 생각했다. 지금은 경제에 대해 누구보다 큰 관심을 가진 나도, 학생 때는 주어진 공부만 열심히 할 뿐이었다. 돈이 부족해서 힘들었던적은 없었기 때문에 경제공부에 대한 필요성을 느끼지 못했다. 하지만, 그럴듯한 수능 점수를 받고 서울에 있는 한 공과대학에 입학할 때 처음으로 알게 되었다. 한명의 아이가 자라 성인이 되기까지, 많은 사람들의 도움과 보이지 않는 노력이 있었다는 사실을 말이다. 내가 남부럽지 않도록 부모님이 뒤에서 노력해주셨던 것을 알게 되었다.

원래 다니던 대학을 그만두고, 수능공부를 다시 시작하여 교대에 입학했다. 집을 떠나 스스로 시작한 첫 자취생활은 경제적으로 선택하고 판단하는 법을 가르쳐주었다. 자취방에서 난방과 온수, 전기를 사용하기 위해서는 비싼 값을 지불해야 했다. 하고싶은 것이 많았지만 언제까지 부모님의 돈에 의지할 수는 없었다.

나는 현명하게 소비해야 했다. 추운 겨울이 되면. 커피포트에 끓인 뜨거운 물로 샤워를 하고, 잘 때는 패딩점퍼를 입고 이불을 세 겹씩 둘러싼 채 얼굴만 내놓고 잤다. 아침에는 항상 코가 얼어있었다. 힘든 자취생활이었지만, 부모님께 손을 벌리게 되는 상황이 더 부끄러웠다. 조금이라도 보탬이 되기 위해 과외와 아르바이트를 병행했다. 나는 생활을 하기 위해 돈이 필요한 사람이 되었다.

직장인이 되면 월급으로 하고 싶은 일을 마음껏 하며 살고 싶었다. 교사가 되는 길이 쉽지는 않았지만, 그래도 나는 포기 하지 않았다. 부모님께서 잘 지도해주신 덕분에, 빚을 지거나 부도덕한 이익을 얻지는 않았다. 마침내 교사가 되었지만, 돈이 필요한 상황은 달라지지 않았다는 것을 알게 되었다. 오히려 고정적으로 돈을 벌지 못했던 예전보다, 훨씬 더 돈에 대해 잘 알아야 한다는 생각이 들었다. 그제야 경제 공부를 시작했다.

막상 경제 공부를 시작하니 모든 것이 생소했다. 주식, 경매, 부동산, 은행, 돈…. 내 삶이 아닌 것 같은 말들이 이젠 중요한 일부분이 되었다. 그리고 깨달았다. 내가 조금 더 일찍 공부를 시작했다면, 조금 더 친숙하게 이 용어들을 알고 지냈더라면, 그럼 지금보다는 더 나은 삶을 살 수 있지 않았을까. 학교에서 즐겁고 가볍게 경제용어와 경제 지식을 익혔더라면, 조금 더 일찍 눈을 뜨지 않았을까.

다시 아이들을 둘러본다.

3월, 올해도 어김없이 아이들과 함께 경제교실을 시작했다.

경제교실 시작하기

교실은 하나의
사회와 같다

숙고하며 계획해보는 것도 좋지만,
마침내는 항상 실패와 시행착오를 경험하게 된다.
그러나 그것들은 우리를 성장시키는 것이다.

– 톰 빌색

나는 교대를 졸업하고 몇 번의 시행착오 끝에 교사가 되었다. 고등학교 선생님의 권유로 교대에 입학하긴 했지만, 교사에 특별히 꿈이 있었던 것도 아니고, 교사라는 직업에 대해 진지하게 생각하며 계획을 세운 적도 없었기 때문에 교대를 졸업하고 임용시험을 보는 순간까지 고민이 많았다. 그 사이 식당에서 홀 서빙도 해보고, 영화에도 출연해보고, 물건도 팔아보며 맞는 길을 찾아 방황했다. 하지만 기간제 교사로 근무하던 때, 학생들이 나로 인해 변화하는 모습에 짜릿함을 느껴 결국 교사의 길로 들어오게 되었다.

기간제 교사일 때도, 초임교사일 때도 학생들에게 열정을 쏟으며 지도했다. 하지만 어느 순간 힘에 부친다는 생각이 들었다. 지금이야 어떻게든 이어간다고 해도, 나중에는 나 스스로가 버티기 힘들 거라는 생각이 들었다. 특히 다양한 환경에 처한 여러 학생을 마주할 때 그 순간순간마다 마치 카멜레온처럼 다르게 대처하는 것이 나에겐 큰 부담이었다. 스스로 무너지는 것을 느끼면 늘 힘들었다. '3월에는 웃지 마라.', '학생들을 엄격하고 무섭게 대해라.' 전설처럼 전해져 내려오는 말들이 이해되는 순간이 있었다. 그러다 보면 열심히 지내는 보석 같은 학생들이 힘을 내지 못하기도 한다는 것을 알게 됐다.

"배려하는 우리, 자주적인 교실."
줄여서 '배우자교실'이라는 이름으로 학생들과 함께하고 있다. 이 이름이 만들어진 것은 발령 첫해 여름방학, 학급 운영을 돌아보던 때였다. 가득한 열정에 비해 무언가 부족하다는 생각이 들었고, 그 대안으로 나의 교육에 일관된 틀이 있었으면 했다. 그래서 먼저 스스로 무엇을 원하는지 찾아보게 되었다. 나는 '학생들이 서로를 배려하고 스스로 주인이 되는 교실'을 원한다는 사실을 깨달았다.

거창하게 지어진 이름과는 달리, 항상 원하는 대로 학교생활이 이뤄지지는 않았다. 지금 생각해보면 교사의 학급 운영관은 확실하게 세워졌지만 이를 달성시키고자 할 구체적인 로드맵이 없었던 셈이다. 말로만 '배려하자!', '자주적이자!'라고 외치고, 수업으로만 배려와 자주적인 모습을 가르쳤을 뿐이었다. 그러니 학생들도 배움을 실천으로 옮기지 못했다. 나는 그런 학생들의 모습을 보며 점점 소진되어 갔다. 교사가 없는 교실은 늘 불안했고, 내가 이 교실에 없다면 학생들이 무너질 거라는 생각마저 들었다.

교사마다 학생을 대처하는 방법은 다를 수 있다. 하지만 나는 나만의 '학급 운영 매뉴얼'이 있으면 좋겠다고 생각했다. 1년 동안 학생들과 학급살이를 하게 되는데, 어떤 학생과 마주하더라도 흔들리지 않는 나만의 학급 운영 시스템을 만들고 싶었다. 수많은 선배 교사들의 흔적을 영상으로, 연수로, 책으로 접하기 시작했고 해볼 수 있는 것은 직접 시도해봤다. 어떤 것은 좋았지만 나에게 맞지 않았고, 어떤 것은 능력의 부족으로 시도하지 못했다. 시중에는 교사를 위한 다양한 지침서가 있었다. 하지만 정확하고 구체적인 상황에 대한 설명의 부재와 교사의 성향 차이를 고려하지 못한 내용은 나에게 역효과로 다가왔다.

엄격한 규칙과 통제가 이어졌다. 겉으로 보이는 학급의 상태는 평화로웠지만, 언제 사고가 일어나도 이상하지 않을만큼 위태로운 분위기가 가득했다. 나는 '사고 없이 안전한 교실'이라는 목표를 이뤘지만 행복하지 않았다. 학생들도 마찬가지였으리라 생각한다. 학교생활이 재미없었다. 물론 재미로 교사를 하는 것은 아니었지만 생각해보면 하루의 1/3을, 자는 시간을 제외한다면 하루에 절반 가까운 시간을 교실에서 학생들과 보냈다. 학생들도, 교사인 나도 행복하지 않다면 이런 학습 운영 방식에 의미가 있을까? 어색한 교실 공기의 흐름을 느끼며 변화가 필요하다는 생각이 들었다. 불안하지 않은 교실을 만들고 싶었다. 자유롭고 행복하게 학생들과 어울리는 교육을 하고 싶었다.

그때 발견한 것이 '경제교실'이었다. 사회에 첫발을 내디딘 순간부터 경제에 관심은 많았지만, 퇴근 후의 이야기였다. 그러던 어느 날, 쉬는 시간에 학생들이 무리를 이뤄 대화하고 노는 모습을 보며 이런 생각이 들었다. '학생들에겐 교실도 하나의 사회인데 그렇다면 경제개념이 들어가도 상관없지 않을까?', '아니, 오히려 더 잘 들어맞지 않을까?'라는 생각이었다. 적용해보기로 했다. 교사의 고민과 연구가 계속 필요한 부분이었지만, 교실에 도입한 경제개념은 사회의 그것과 너무나 유사했다. 학생들은 더없이 즐거운 학교생활을 보내게 되었고, 학부모들의 만족도도 높았다. 학생들에게 학교는 오고 싶어 하는 곳이 되었고 나는 이전보다 안정적인 학급 운영을 할 수 있게 되었다.

선생님도
경제교실은 처음이라

두려움이 크면
성취도 커진다.

– 랄프 왈도 에머슨

처음 교사가 되고 느낀 가장 큰 스트레스는 무지에서 오는 두려움이었다. '내가 하려는 이 활동이 학생들에게 의미가 있을까?', '준비한 활동이 어려워서 수업을 망치진 않을까?', '계획한 내용이 제대로 이뤄지지 않으면 어떡하지?' 하는 걱정이 계속되었다.

교대 2학년 시절 실습을 나갔던 학교에서 벌어진 일을 나는 평생 잊지 못할 것이다. 일주일 동안 수업 참관을 나가는 일정이었고, 나는 아이들을 지켜보며 즐겁게 지내고 있었다. 그러던 어느 날, 한 시간의 수업 기회가 주어졌다. 수학 연산영역인 '10을 두 수로 가르기와 모으기'였다. 나름대로 열심히 준비했지만, 그림으로 가득한 교과서 1분량으로 한 차시 내내 수업하는 것은 당시 나에게 굉장히 어려운 일이었다.

학생들은 우수했고, 수업은 예상치 못하게 10분 만에 끝나버렸다. 수업 시간을 30분이나 남겨놓고, 난 아무것도 하지 못한 채 식은땀을 흘리며 서 있었다. 당시 담임선생님께서 웃으시며 나머지 내용을 마무리해주셨고, 수업이 끝난 후 학생들이 다가와 고사리손으로 날 다독여주었다. 나는 그 순간을 지금도 생생히 기억한다.

그날 이후 나는 수업에서 모든 예상되는 시나리오를 다 대비하려는 습관이 생겼다. 시간이 남거나 부족할 경우 해야 할 것, 해당 질문에 대한 대처, 예상되는 난관들…. 이런 습관은 많은 경우에 도움이 되었지만, 경제교실에서는 예외였다. 모든 것을 대비하기에 경제교실은 너무나 방대했고, 나도 잘 아는 내용이 아니었기에 부딪혀가며 배워야 했다. 이 모든 것을 알고 시작했다면 엄두를 내지 못했을지도 모른다.

경제교실을 만들며 겪었던 어려움을 나누고자 교사들을 대상으로 하는 연수를 진행할 때가 있다. 연수에 참여하는 교사 중에는 너무 방대하고 어려워서 경제교실을 시작하는 데에 두려움이 앞선다는 분들이 계신다. 내가 잘할 수는 있을지, 문제 상황이 생기면 잘 대처할 수 있을지, 혹시 경제교실을 하다 교실 자체를 망치지는 않을지 하는 걱정이 들었다. 나도 처음 경제교실을 준비하면서 같은 걱정을 했다. 경제교실에 대한 자료가 많이 없고, 도전하는 선생님들도 잘 알려지지 않던 시절에는 이것이 정말 의미있는 일인지 많이 고민했다.

하지만 경제교실은 참 재미있다. 우리가 생각하는 어려움이 물론 있겠지만, 시간이 흐르면서 대부분의 어려움은 별것 아니게 된다. 오히려 재미있는 에피소드로 남아 선생님과 함께하는 학생들에게 즐거운 추억으로 남을 것이다. 그러니 모르는 것에서 오는 두려움을 잠시 내려놓고, 이어지는 경제교실 경험담을 참고해보자. 글을 읽다보면, '나도 이정도는 할 수 있겠는걸!' 하는 자신감이 생길테니 말이다.

아이들에게
반드시 가르치고 싶은 것

경제활동에서 자신의 이익만을 추구하는 것은
빈곤과 사회적 분열을 증대시키지만,
다른 이들을 돕고 협력하는 마음을 갖춘다면
공동체 이익을 추구하면서도
개인적인 이익을 얻을 수 있다.

– 대니얼 고울먼

경제원리로 학급을 운영할 때, 우리는 무엇을 학생들에게 가르쳐야 할까? 많은 학급 운영 도서를 보면 서두에 공통으로 제안하는 내용이 있다. '선생님이 학생들에게 가르치고 싶은 교육내용, 선생님의 교육관을 먼저 정하세요' 그것은 경제교실에서도 마찬가지이다. 어떤 내용을 가르칠 것인지, 학생들이 어떤 내용을 배우길 원하는지 스스로 확인하는 과정이 필요하다고 생각한다.

노동의 가치, 올바른 소비, 현명한 투자, 기부와 같은 경제학적 내용을 가르치는 것도 필요하다. 이 또한 경제금융 교실의 목적이다. 하지만 여러 해 경제교실을 진행하면서 근본적으로 학생들이 배웠으면 하는 내용이 있다는 것을 깨달았다.

나는 학생들이 "감사하다."라고 말하는 것을 좋아한다. 감사일기를 쓰고, 감사함을 나누고, 스스로 감사함을 깨닫는 학생들이 되기를 원했다. 다른 것들보다 감사가 우선되어야 한다고 생각했다. 경제적인 시각에서 감사함은 '자족'이다. 스스로 만족하고 주어진 것에 감사할 줄 알아야 행복을 알게 된다.

학생들이 부자가 되기를 바라는 마음으로 경제교육을 시작한 것은 아니었다. 단지 경제적 현상을 이해하고, 현명한 소비자이자 투자자가 되고, 성인이 되었을 때 경제적 문제로 고통받지 않고 여유를 누릴 수 있기를 바랐다. 그에 앞서 스스로 주어진 것에 감사하고, 타인에게 예의 바른 사람이 되기를 원했다. 단순한 경제 지식을 넘어 더욱 근본적인 경제적 지능을 가지기를 원했다.

이렇게 결론을 내리니 경제교육이 조금 다르게 보였다. 단순한 커리큘럼대로 경제교육을 진행한다면 앞서 언급한 경제 현상에 대한 이해나 현명한 투자, 소비에 대한 교육목표는 이룰 수 있을지도 모르겠다. 하지만 감사하는 마음과 예의는 화폐를 이용한 자본주의식 학급경영에서 쉽지 않은 목표였다. 애덤 스미스의 '인간은 이기적인 동물이다.'라는 말처럼 경제학이 말하는 이기적인 인간으로서는 시스템을 이겨내기 쉽지 않으니까 말이다.

그런 의미에서 이 책은 그동안 경제교실을 진행하며 학생들과 함께 고민해 온 결과물이라고 할 수 있다. 경제적 지능 함양을 위한 책이기도 하다. 어떻게 경제적 활동을 예의와 연관 지을 수 있을까? 어떻게 해야 학생들이 경제적 활동 속에서 감사함을 느끼며 행복한 삶을 살아가게 할 수 있을까? 이러한 질문에 대한 나만의 해답을 적어둔 셈이다.

도덕과 지혜라는
두 가지 기반

교육은 도덕과 지혜의 두 기반 위에 서지 않으면 안 된다.
도덕은 미덕을 받들기 위해서이고,
지혜는 남의 악덕에서 자기를 지키기 위해서이다.
도덕에만 중점을 두면 성인군자나 순교자밖에 나오지 않는다.
지혜에만 중점을 두면 타산적인 이기주의가 나오게 된다.
어느 한쪽에 치우치지 말고 도덕과 지혜의 두 기반 위에
교육이 서 있어야 좋은 열매를 거둘 수 있는 것이다.

– S.R.N. 샹포르

경제교육을 시작하면서 세 가지 철칙을 세웠다.

👆 첫 번째, 경제의 큰 흐름을 체험적으로 이해한다.
✌️ 두 번째, 이곳은 학교이기에 경제교육에 앞서 인성교육을 중요시한다.
🖐️ 세 번째, 경제교육도 분명한 교육의 한 부분으로 인정하고 충분한 시간을 투자한다.

첫 번째 원칙에서는 '체험적'이라는 말이 중요했다. 초등학교 교육과정 단계에서 구체적인 경제용어는 학생들에게 흥미로 와닿지도 않을뿐더러 경제에 대한 진입장벽을 만드는 요소일 뿐이었다. 물론 경제용어를 이해하고 활용하여 경제 현상을 재해석하는 것은 정말 중요한 일이지만, 학생들에게는 또 다른 수업과목의 하나로 여겨지게 마련이었다. 따라서 학생들이 체험적으로 자연스럽게 이해하고 관련된 경제 현상이나 용어에 대해 후에 설명하는 방식으로 교육의 방향을 잡았다.

두 번째 원칙은 개인적으로 가장 중요하다고 생각했던 부분이다. 앞서 언급했듯이, 교실에서 학생들을 관찰하다 보면 사회의 작은 축소판이라는 생각이 자주 들었다. 당연했다. 집단이 곧 사회가 되니까 말이다. 거기에 경제적 요소가 교실에 도입되는 순간, 사회에서 마주하는 다양한 문제들이 교실에도 나타난다. 그 과정에서 인성교육이 필요해지는 시점이 발생한다. 학교와 사회는 비슷하지만 달라야 하고, 더 나은 사회를 위한 배움의 장이 되어야 한다는 생각이 들었다. 예를 들어 사회에서는 빈부격차나 사재기, 담합과 같은 문제 현상이 있고 이로 인해 이해당사자들 간 다양한 갈등이 생겨난다. 교실에서는 그 문제를 배우고 상대방을 배려하며 자주적으로 문제를 해결해보기를 바랐다. 이런 경험을 통해 학생들이 훗날 사회에서 같은 문제를 슬기롭게 넘길 수 있기를 바랐다. 그래서 경제교육보다 인성교육을 우선시하는 것을 목표로 삼았다.

세 번째 원칙은 스스로에 대한 다짐이었다. 최근 들어 경제교육의 중요성이 점차 커지고 있고, 다양한 채널을 통해 경제교육이 활성화되는 중이다. 하지만 교육과정에 경제교육이 할애된 부분은 한정되어 있기에 원활한 교육을 위해서는 교육과정을 재구성해 충분한 시간을 확보해야 했다. '경제' 수업이 국어, 수학, 사회만큼이나 '과목'으로써 초등교육에 비중을 차지하지는 않기 때문에, 다른 과목보다 훨씬 더 신경을 많이 써야 했다. 경제수업이 중요하다는 사실을 스스로 인식하고 학생들에게 이해시키기 위한 철칙이었다.

화폐가 만들어짐과 동시에 갈등이 일어난다. 교사는 앞서 언급한 세 가지 원칙을 마음속에 새기면서 적절한 상황에 개입해야 한다. 교사는 정부이자 대통령으로서 경제 현상을 지켜보고, 교실의 현명한 해결을 유도하거나, 기다리거나, 혹은 즉각적으로 개입해야 한다. 책을 읽는 독자들이 지금부터 설명할 내용을 참고하되, 실제 현장에서 예상되는 다양한 문제 현상을 미리 생각해보고, '나라면 어떻게 해결할지' 고민했으면 한다. 책에 담겨있는 내용은 어디까지나 우리 교실의 해결방식이고, 더 현명한 해결방안은 얼마든지 존재할 수 있다.

성공적인 경제교육을 위한
8가지 공식

교육의 목적은 인격의 형성에 있다.
교육의 목적은 기계적인 사람을 만드는 데 있지 않고
인간적인 사람을 만드는 데 있다.
또한 교육의 비결은 상호존중의 묘미를 알게 하는 데 있다.
일정한 틀에 짜여진 교육은 유익하지 못하다.
창조적인 표현과 지식에 대한 기쁨을 깨우쳐주는 것이
교육자 최고의 기술이다.

– 아인슈타인

성공적으로 경제교육을 하기 위해서는 많은 고민이 필요하다. 그 동안 학생들과 지내오며 느꼈던 생각을 정리해보았다. 학생 또는 자녀들에게 성공적인 경제교육을 하기 위해 이 책을 읽는 독자라면 아래 내용을 틈틈이 읽으며 자신을 다잡았으면 한다. 처음 봤을 때 당연하다는 생각이 들더라도 시간이 흐르면 아래 원칙들이 흔들릴 때가 있을 것이다. 처음의 다짐이 기억 속에서 사라져갈 때마다 다시 한번 원칙을 생각하며 경제교육을 일관성 있게 밀고 나가려는 노력이 필요하다. 그렇게 할 때 의미 있는 교육에 한 걸음 더 가까워질 것이다.

첫 번째, 약속에 단호해지자.

교사는 학생 또는 학부모와 한 약속, 학생들 간의 약속에 단호해야 한다. 경제교육에서 약속은 상호 간의 신용을 의미한다. 한번 약속으로 정한 내용은 어떤 일이 있어도 바꿔서는 안 된다. 학급 규칙을 정할 때나, 학생 간 계약을 할 때도 이 부분을 강조해야 한다. 상황이 바뀌고 상호 간에 동의가 있는 경우를 제외한다면 약속으로 정한 것을 마음대로 바꿔서는 안 된다. 경제교실에서 예외가 반복적으로 허용되면 학생들은 교사에 대한 신뢰를 잃고 신용의 중요성을 학습할 기회를 놓치게 된다. 처음 정할 때 책임질 수 있는 부분만 약속하고, 약속으로 정한 것은 꼭 지키도록 노력하자.

두 번째, 흥미에 매몰되지 말자.

경제교실의 모든 내용은 너무나 흥미롭고 재미있다. 경제교실을 진행한 이래, 학교에 오기 싫다거나 교실에서의 시간이 재미없다는 말은 단 한 번도 들은 적이 없다. 학생들은 어느 때보다 더 열정적이고 자기 주도적이다. 그렇기에 학생의 흥미에 매몰되어 경제교육을 잃어버리는 상황도 발생할 수 있다. 아무리 학생들이 재미있어하는 활동이더라도 재미에서 끝날 것이 예상된다면, 혹은 교육의 본질이 사라져버렸다면, 그 즉시 활동을 정리하고 이전 상태로 돌아가자.

세 번째, 목적은 '교육'이다. 돈에 매몰되지 말자.

앞서 언급한 내용을 두 번 강조한다. 우리의 목적은 '교육'이다. 우리는 학생들에게 "돈을 많이 벌자!"라고 말하는 것도 아니고 "즐겁게 놀자!"라고 말하는 것도 아니다. 학생들이 현명하고 합리적 사고를 하는 경제인이 되도록 하는 것이 목표이고, 경제교실은 이를 위한 교육활동인 것이다. 학생들이 활동을 진행하며 돈에 매몰되지 않도록 지속적인 관심과 개입이 필요하다.

네 번째, 돈을 대가로 다른 것을 당연히 여길 수 없음을 가르치자.

처음 경제교육을 접하고 학생들에게 적용을 시도했을 때 가장 경계했던 부분이다. 돈은 중독성이 있기 때문에 돈을 버는 재미가 강해지면 다른 것이 눈에 들어오지 않는다. 몰입도가 뛰어난 학생들은 더욱 그렇다. 교실의 학급 화폐는 경제원리를 배우기 위한 수단일 뿐이지만, 학생들은 생각보다 훨씬 더 몰입하며 즐긴다. 그 과정에서 나올 수 있는 학생의 발언들에 조심해야 한다. "돈 받으니 당연히 해야 하는 것 아닌가요?", "돈이면 다 괜찮은 것 아닌가요?"라는 발언들 말이다.

말로 뱉지 않더라도 학생들이 그런 마음을 가지지 않도록 각별한 주의를 기울여야 한다. 비슷한 발언이나 행동이 드러날 때마다 교육자가 즉각적인 피드백과 교정을 해주면 된다. 직업 활동으로 돈을 받는 행위 보다, 최선을 다해서 직업 활동을 수행하는 모습과, 그런 모습을 보이는 학급 친구들에게 감사해야 한다고 가르쳐야 한다. 돈은 생활의 편리를 주지만, 돈으로 모든 것을 다 해결할 수도 없거니와 절대 그렇게 해서는 안 된다는 것을 반드시 교육해야 한다.

다섯 번째, 정확한 원칙을 정해두자.

경제교실에 대한 확실한 원칙이 있어야 한다. 외부의 돈을 경제교실에 끌어들이지 않는다거나, 현실의 물건으로 직접적인 학급 화폐 거래를 한다거나, 온라인계좌를 사용하는 경우 언제 스마트기기를 사용하여 학생 개개인의 온라인계좌를 확인할 수 있는지 등 자신만의 허용 기준치를 정하는 것이다.

정하는 것에서 그치지 않고 학생들에게 확실하게 지속적으로 각인시켜 원칙을 벗어나지 않도록 해야 한다. 너무 틀이 좁으면 창의성이 사라질 것이고, 너무 틀이 넓으면 교사의 허용치를 벗어나 교사와 학급에 부정적인 영향을 끼칠 수 있다. 교사 개개인의 성향에 따라 적정선을 찾아 원칙을 정해두고 교육에 임해야 한다.

여섯 번째, 새롭게 시도하고 적극적으로 도전하자.

경제교육은 무한한 확장성을 가지고 있고, 새로운 경제용어는 지속적으로 나오고 있다. 때로 학생들은 교사만큼이나 새로운 경제용어에 민감하고 호기심을 가진다. 교사는 경제원리의 교육적 도입을 새롭게 시도해보고, 도전을 두려워하지 말아야 한다. 성공하든 실패하든 어떤 경제 현상을 교실에 소개하는 그것만으로도 나름의 의미가 있고 학생들은 어떤 상황에서도 배움을 얻는다. 두려워하지 말고 새로운 시도와 도전에 적극적인 자세를 가지자. 그래야 빠르게 등장하는 새로운 경제 키워드들을 놓치지 않고 따라갈 수 있다.

일곱 번째, 경제원리를 함께 공부하자.

교사가 학생들에게 도입하고 싶은 경제원리나 키워드를 먼저 공부해야 한다. 경제교실에 경제원리를 도입한 이후에는 학생들과 함께 공부하는 시간도 가져보자. 예를 들어 학생들에게 부동산이나 주식을 알려주기 전에 교사가 반드시 그 내용을 알아야 한다. 부동산과 주식이 어떤 원리로 작동하는지 알아야 관련된 경제적 문제 상황이 발생했을 때, 실제 현실사회에서의 사례에 빗대거나 새로운 방식을 떠올려 문제를 해결할 수 있다. 문제 상황이 곧 교육의 기회이고 교사에게도 큰 도움이 된다.

여덟 번째, 교사 혼자서 운영하려고 하지 말자.

경제교육 전에 알아야 할 것들과 준비물, 예상되는 어려움을 모두 적어두었다. 그러나 모든 것을 혼자 완벽하게 준비하고 시작할 생각은 하지는 말자. 긴 호흡으로 경제교육을 해야 하는데, 모든 것을 혼자 끌고 가려다 보면 교사도 지치고, 학생들도 따라오지 못한다. 큰 틀은 교사가 정해놓고 세부적인 것은 학생들과의 협의로 진행해야 학생들도 교사도 진정한 경제교육을 맛볼 수 있다.

2
PART

경제교실
준비하기

경제교실을 빛내는
아이템

마음의 준비만이라도 되어있으면
모든 준비는 완료된 것이다.

- 셰익스피어

경제교실은 학생들과 함께 만들어나가는 일이기에 교사가 준비해야 할 물건은 많지 않다. 학급 화폐와 같은 준비물도 그때그때 필요에 따라 만들면 된다. 하지만 나는 경제교실을 운영하며 해를 거듭할수록, 현실감 있고 강렬한 기억을 학생들에게 심어주고 싶었다. 교사의 수고를 덜면서 보기에도 편안한 방식들을 생각해 점차적으로 물건을 추가했다. 아래에 나오는 모든 준비물을 다 갖출 필요는 없다. 일단 하겠다는 마음을 가지면 시행착오를 통해 자신에게 필요한 물건을 선택할 수 있을 것이다. 필수적인 준비물도 있지만, 아닌 것도 있으니 참고해서 자신만의 경제교실을 만들어보자.

멀티넘버링

환율이나 주식가격, 우리 반 세금 등 다양한 경제지표를 표시할 때 좋은 물건이다. 환율용 4개, 주가용 4개, 세금표시용 4개를 구매했다. 세금표시는 다른 것보다 조금 더 큰 N6 크기로, 환율이나 주가 넘버링은 N4 크기면 적합하다. N4는 날짜를 표시하기에도 적당한 크기다. 학생들이 "오늘 며칠이에요?"라고 물어보는 일이 많아 아예 칠판 한쪽에 N4 날짜 넘버링을 붙여두었다.

넘버링은 뒷면에 코팅지를 붙여 여러 해 쓰고 있다. 코팅지를 붙일 때는 양면테이프를 활용했고 화이트보드에 붙이기 위해 자석을 사용했다. 일반 자석은 미끄러져 내려가기 쉬워 네오디뮴 자석을 4개 활용해서 붙였다. 변동이 있는 세금이나 주가, 환율을 칠판에 적고 지우면 미관상 지저분해지기도 하고 수치를 적는 과정에서 혼란이 올 수 있으므로 넘버링을 추천한다.

금고

실물화폐를 보관하기 위해 구매했다. 카운터 슬라이딩 금고로 금액은 5만 원 정도 한다. 현실감과 편의성, 보관 안전을 위해 필요한 물건이다. 자금 여유가 된다면 열쇠나 다이얼식 말고 번호입력식을 추천한다. 도장도 보관할 수 있어 교실 은행원의 도장 보관에도 유용하다.

도장

경제교실을 진행하면 도장을 사용할 일이 많다. 경제교실에서 꼭 필요한 직업에는 도장을 준비해두어 직업 활동 후 확인용으로 찍도록 했다. 은행원용 도장처럼 돈과 직접적 연관이 있는 직업에 도장을 미리 만들어두면 좋다. 인주를 사용하지 않도록 잉크도장을 사용하자.

파일

경제교실은 준비해야 할 양식지가 많았

다. 각자의 직업 역할에 맞는 양식지를 보관
할 각기 다른 파일이 필요했다. 구하기 쉬운
것은 종이/플라스틱 정부 파일이지만, 파일
을 자주 접고 펴다 보니 표지가 뜯어지거나 더러워지는 일이 잦았다.
종이 파일은 훼손되면 교체했다. A4 크기 2공 바인더로 장기간 사용하
는 것도 고려할 만하다. 클립보드 리포트 파일도 하나 있으면 좋다.

계산기

은행원의 계산을 도우려고 제공했다. 단

위를 최대한 단순화해서 소수점이나 복잡한
계산이 나오지 않도록 노력했지만 그런데도
복잡한 계산을 할 경우 활용하도록 했다. 금
융상품을 다루거나 이자 계산을 해야 할 때 빈번하게 계산 실수가 벌
어진다. 지금 우리의 목표는 경제교육을 통한 경제원리의 이해이지,
수학 공부가 아니므로 계산기를 사용하여 다른 학생들의 불편과 시간
소모를 최소화하자.

라벨지(스티커 용지)

교실 국가의 굿즈를 제작하거나 경매번호판패들을 만들 때 사

용했다. 굿즈용 원형 스티커 용지는 폼텍 3639(38mm)를 사용하면 그립톡에 딱 알맞게 들어가며, 단순 스티커 용도로 활용하기도 적당한 크기다. 편집은 한국폼텍에서 제공하는 폼텍 디자인 프로 9를 사용했다. 경매 번호판은 폼텍 3510(88.9*52mm)를 사용하여 번호를 입력 후 뽑아 손잡이 화이트보드 한쪽 면에 붙이면 두고두고 사용할 수 있다.

용돈 기입장

종이통장 방식의 학급 화폐 운영을 하지 않더라도, 실과 교육과정에 용돈 기입장 작성법에 관한 내용이 나와 있으니 구매하는 것을 추천한다. 소비 교육을 할 때도 사용할 수 있으므로 일거양득이다.

손잡이 화이트보드 판

학생 수에 여유분을 더한만큼 준비하여 경매 활동에 사용했다. 경매 활동 때 손으로만 응찰을 표시하면 앞에 선 경매사가 빠르고 정확하게 응찰자를 확인하기 힘들다. 손잡이 번호판이 있으면 학생 번호로 응찰자를 부르며 경매 활동을 원활히 할 수 있다.

보조 칠판 화이트보드 스탠드 자석형

앞서 만들었던 멀티넘버링 도구들과 학생들의 기업광고를 붙여두는 공간으로 활용했다. 경제교육은 학급 운영의 한 방식이고 학생들이 학교에 흥미를 느끼게 해주는 수단이기에 수단이 본질을 훼손해서는 안 된다고 생각했다. 교실 앞 칠판과 게시판에 넘버링 숫자들과 기업 광고가 있으면, 다른 수업을 할 때 학생들의 수업집중에 방해가 되었다. 따라서 보조 칠판에 모아 교실 옆이나 뒤로 옮겨 수업 분위기 형성에 지장이 없도록 했다. 화이트보드 자석형으로 구입하면 다른 수업에도 활용하기 좋으니 하나쯤 장만해두는 것을 추천한다.

포켓 패드

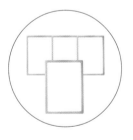

알림판이나 공지 사항을 자석이나 접착제 없이 간편하게 벽면이나 칠판에 붙일 수 있는 월 프레임 형태의 상품이다. 경제교실이 아니더라도, 갖추고 있으면 안내문이나 공지 사항을 보관하기에 유용하다.

글쓰기 공책

경제활동은 매우 재미있다. 교실에는 다양한 학생들의 저마다 다른 이야기가 나온다. 물론 그 자체만으로도 의미가 있지만, 있었던 상황에 대한 자신의 감정과 느낌을 기록하고 경제활동에서 배우는 용어들을 글로 정리하는 것으로 학생들의 배움이 내면화된다고 생각한다. 기존의 공책에 경제활동과 문제상황에 대한 글쓰기를 해도 좋지만, 별도의 작은 공책을 마련하여 일어나는 일들에 대한 각자의 생각을 적어보게 하자. 학생들 스스로의 경제적 사고를 발달시키는 데에도 도움을 주고, 단순히 즐거움만 남기기 쉬운 경제활동과 현상에 대해 다시 생각하며 배움으로 이어가기 좋다. 학생들에게 경제에 대한 흥미와 관심을 불러일으키는 것을 넘어 교육의 일환으로써 기록을 남기고, 또한 경제교육과 글쓰기의 연계도 가능하다. 여러 장점이 있어 글쓰기를 꼭 추천하고 싶다.

경제 보드게임

경제원리를 이해하는 데 도움을 주는 보드게임도 찾아보면 주변에 많다. 우리 반 교실에는 보드게임을 항상 구비 해두고 점심시간에 이용하도록 했다. 물론 직업을 따로 둬서 교사의 노동력을 덜었다. 쉬는 시간 동안 보드게임을 하려면 시간이 너무 촉박하고, 수업에 방해가 되므로 점심시간이나 창의적 체험 활동 수업의 일부를 할애해서 하도

록 하자. 학생 간 친목 향상에도 도움을 주고 경제교실 수업에도 도움
이 되는 몇 가지 게임을 소개한다.

THE 트레이더스

6학년 1학기 사회 교과서에 소개 되어 있
는 그 놀이이다. 교과서에는 부록으로 자음
과 모음만 나와 있지만, 완벽한 키트 세트로
구성된 THE 트레이더스라는 게임이 있다.
무역의 원리를 학습하는 보드게임으로, KDI 종합교육연수원에서 배
포하고 있다. 교육목적이며 결과보고서를 써야 하지만, 수업용으로 충
분한 가치가 있다.

모두의마블/부루마불

모두의마블과 같은 부루마불류의 게임은
가정에서 한 번쯤 접해본 학생들이 많아 간
단한 설명으로 쉽게 진행할 수 있다. 국가별
주요 도시에 대한 설명이 담겨 있어서 지리
개념을 배울 수 있다. 돈을 다루며 부동산을 사고파는 형태의 게임으
로 간단한 경제개념을 익히기에도 좋다. 플레이타임이 길고 금세 질리
기 쉬운 유형의 게임이지만, 간단한 경제원리를 자연스럽게 학습하기
좋은 게임이라는 사실에는 이견이 없을 것이다.

모노폴리 K-부동산

부동산 용어에 대한 이해와 부동산 시장에 대한 이해를 돕는다. 전체적인 용어에 관해 먼저 설명하고 게임을 진행하는 것을 추천한다. 해즈브로 모노폴리 전자카드 한국어판 버전은 카드 결제기와 게임 내 신용카드가 포함되어 경제 개념을 익히는데 더욱 좋다. For sale 보드게임과 유사하지만, 한국어판 부동산을 별도로 다루는 버전도 있어서 더 유용하다.

스플렌더

자원관리의 선택과 집중, 합리적 사고에 도움을 준다. 2인용 '스플렌더 대결' 보드게임도 있다. 시간은 다소 걸리지만, 재미는 보장한다.

애니모 크레이지

'더 지니어스 : 룰브레이커' 5화의 메인 매치 게임인 '7계명'의 모티브가 된 게임으로, 최대 10명까지 즐길 수 있다. 다수결의 원칙과 설득에 대한 게임으로 합리적 사고력 향상에 도움을 준다.

어콰이어

주식을 사고팔거나 인수합병을 이용해 돈을 버는 게임이다. 초등 저학년 학생에게는 어려울 수 있다.

행복한 왕국

일반적인 경제 관련 보드게임은 경쟁식 구성으로 누군가를 파산시키거나 최대한의 이득을 봐야 하는 구조를 가졌다. 하지만 행복한 왕국 게임의 경우는 다르다. 승리는 왕

국의 모든 마을을 행복하게 만드는 것이고, 따라서 플레이어들은 공동의 목표를 가지고 있다. 가장 많은 마을을 행복하게 만든 사람이 승리의 영광을 차지한다. 일정 조건이 되면 '플레이어들'이 패배하기 때문에 경제교육과 인성교육을 더불어 할 수 있는 게임이다.

경제교실을 위한
참고자료

그저 좋은 도구를 가지고 있는 것만으로는 충분하지 않다.
그 도구를 사용할 수 있는 기술과 경험이 필요하다.

– 일론 머스크

경제교육에 관한 관심이 커지면서 경제교육을 지원하는 단체나 도구들도 많아졌다. 알아두면 유용할 경제교육 사이트와 도구들을 소개하고자 한다.

KDI 종합교육연수원 (https://cet.kdi.re.kr/)

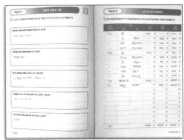
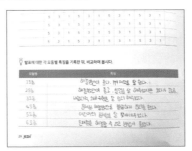

한국개발연구원 KDI에서 운영하는 종합교육연수원이다. 국내 유일의 종합정책 연구기관에서 하는 만큼 양질의 자료와 연수기회가 있다. 중·고등교사에 대한 연수가 메인이지만, 초등교사를 위한 연수도 진행된다. 방학기간에 연수가 있으며, 매년 6월과 11월 초에 연수를 신청할 수 있으니 관심이 있다면 참여해보자. 청소년과 일반인을 대상으로 하는 연수도 있다. 공개 자료실에는 각종 경제 연수자료, 경제수업 예시 및 교수학습자료가 가득하다. 5학년 사회과 보드게임도 여기서 지원받을 수 있고, 소비 관련 워크북도 받아볼 수 있다.

금융감독원 E-금융교육센터 (https://www.fss.or.kr/edu/)

금융교육 전문 강사를 양성하고 있으며, 다양한 체험형 교구와 수업자료가 있다. 학교와 금융회사를 일대일로 연결해 일정 부분 경제교육을 해주는 프로젝트인 1사 1교 금융교육도 여기서 신청할 수 있다. 매 학년 초 공문이 오고, 학교에 1사 1교 담당자가 없다면 신청해보자.

한국은행 (http://www.bok.or.kr/portal/main/main.do)

학교로 강사를 파견해 교육을 진행하는 청소년 경제강좌를 비롯해 교사를 대상으로 하는 연수프로그램이 초, 중등교사 과정으로 매년 개설되고 있다. 학생들에게 관련 경제개념을 지도할 때 함께 시청하기 좋은 경제교육 영상과 카드 뉴스 등도 있으니 활용해보자. 경제교육 탭에서 찾을 수 있다. 연수는 여름과 겨울방학에 이뤄진다.

PUPLE (https://puple.kr/)

금융교육을 기반으로 하는 경제교실을 만들 때 유용한 애플리케이션이다. 은행원의 모든 업무와 증권거래인, 도매상인 등 많은 직업의 업무를 이 애플리케이션으로 대체할 수 있으며, 그만큼 교사의 부담을 덜어준다. 교사 개인의 힘으로 운영 중이다.

어린이 경제신문 (https://www.econoi.com/)

경제교육을 하면서 학생 눈높이에 맞게 경제용어와 관련 용어를 이해시키는 것이 생각보다 어렵다는 것을 알게 되었다. 어린이 경제신문은 일반 신문에서 접하는 어려운 경제용어를 학생 눈높이에서 풀어주므로 NIE[1]와 함께 경제교육을 진행할 수 있다. 학생 대상 수업과 이벤트도 자주 열리니만큼 홈페이지를 방문해서 살펴보자.

경제금융교육연구회 (https://cafe.naver.com/financialeducation)

재테크와 경제금융교육을 연구하는 교사들의 모임이다. 학년별 경제교육자료가 모여있고, 교사별로 다양한 연수를 진행 중이다. 메인 공지글 '금융 교실 프로젝트 사용설명서'는 경제교실을 준비하며 많은 도움이 되었다.

도서 『SEC 학급경영 멘토링』 홍석희 지음, 테크빌교육

'초임교사 신호등', '행복한 현장 연구 멘토링'등으로 이름을 알린 홍석희 선생님의 저서로, 화폐와 국가 시스템 기반의 학급경영을 연구한 내용이 적힌 책이다. 경제교육을 시작할 당시에 마땅히 참고할만한

---

1. 신문활용교육(Newspaper In Education)

현장연구 책이 없었는데 이 책을 통해 궁금증을 많이 채울 수 있었다. 월별로 나뉘어있어 경제교실의 흐름을 따라가며 수업을 진행할 수 있고, 생활교육에 관한 내용과 현장 연구에 대한 자료도 있어 두고두고 유용하게 볼 수 있다.

도서 『경제교육 프로젝트』 전인구 지음, 테크빌교육

'전인구 경제연구소' 유튜브로 익숙한 전인구 선생님의 저서이다. 최근 들어 교실 경제교육 도서가 많이 나오고 있지만, 처음 경제교실을 시작할 때는 자료가 많이 없어 막막한 마음에 찾다가 발견한 도서다. 화폐 기반의 경제교실을 운영하기보다, 프로젝트형 경제교육에 초점이 맞춰져 있다. 별도의 학급경영을 하면서 중간중간 경제교육을 병행하려는 교사에게 추천한다.

이 외에도 최근 들어 다양한 경제교육 서적과 연수가 소개되고 있는 만큼, 참고하여 나만의 학급 경제교실을 만들어보자. 학생들에게 재미있고 의미 있는 경제교육을 펼칠 수 있을 것이다.

우리는 경제를
얼마나 알고 있나?

우리들이 어디를 가든 무엇을 하든
우리들의 한 가지 연구 대상은
바로 자기 자신이다.

– 에머슨

교육은 눈에 보이지 않는 것이 많아 지표로 나타내기 어렵다. 그럼에도 불구하고 이전과 비교해 확실히 나아졌다는 결과가 있다면 내가 하는 교육이 옳다는 확신을 가질 수 있을 것 같았다. 그래서 생각해 낸 것이 금융이해도 조사였다. 경제교실을 시작하기 전과 후에 문항지로 조사를 진행한 다음 전후의 변화를 확인했다. 경제교실을 경험하기 전과 후, 학생들의 변화를 알게 되면 경제교육의 성과도 잘 보이지 않을까 하는 마음에서 개발했다.

통계청에서는 2년마다 전 국민 금융이해력 조사를 실시한다. 기존의 조사대상은 18세 이상이었기 때문에 특별히 초등학생을 대상으로 한 금융이해력 조사 문항지도 없었고, 샘플도 아주 예전의 논문자료에서만 찾을 수 있었다. 한편 미국은 경제교육협의회를 통해 초등학교 때부터 경제교육을 많이 활성화하고 있다. 미국 경제교육협의회의 초등학생 금융이해력 검사 도구[2]와 몇몇 자료를 활용하여 간단한 문항지를 만들었다.

학생들과 함께 금융이해력 검사를 해보고, 경제교육을 거친 뒤 학년이 끝날 때 다시 검사해보면 경제교육을 통한 학생들의 변화를 체감할 수 있을 것이다. 56쪽 하단에 답지가 있으니 문제를 풀어본 뒤 대조해보자.

---

2. FFFL(Financial Fitness for Life)

01 우리 동네 패스트푸드 식당의 수가 크게 증가하면 일반적으로 어떤 결과가 생길까요?

1) 더 저렴한 가격과 더 높은 품질의 음식

2) 저렴한 가격과 더 낮은 품질의 음식

3) 더 높은 가격과 더 높은 품질의 음식

4) 모르겠다.

02 대부분의 사람들이 돈을 버는 '개인소득'의 가장 큰 부분을 차지하는 것은 어떤 것일까요?

1) 직장에서 받는 임금과 급여

2) 가지고 있는 주식과 이자

3) 가지고 있는 부동산(땅) 수입

4) 모르겠다.

03 소고기 가격이 평소의 두 배가 되고 닭고기 가격은 평소와 같이 유지된다면, 사람들은 보통 어떤 행동을 하게 될까요?

1) 더 많이 닭고기를 사고 더 적은 소고기를 산다.

2) 더 적은 닭고기를 사고 더 많은 소고기를 산다.

3) 같은 양의 닭고기와 소고기를 산다.

4) 모르겠다.

04 상품과 서비스를 만드는 자원이 제한되어 있습니다. 우리는 경제적으로 어떤 선택을 할 수 있을까요?

1) 자원을 사용하는 방법을 선택해야 한다.

2) 새로 추가 자원을 얻으면 된다.

3) 자원 사용을 줄인다.

4) 모르겠다.

05 두 가지 물건 중 구매할 물건을 결정할 때 경제적으로 올바른 선택은 어떤 것일까요?

1) 더 저렴한 물건을 선택해야 한다.

2) 가장 큰 혜택이 있는 물건을 선택해야 한다.

3) 두 물건의 비용과 이점을 비교한 후 선택해야 한다.

4) 모르겠다.

06 1년 동안 나라의 지출이 수입보다 큰 경우 그 차이를 우리는 어떻게 부를까요?

1) 국가 부채

2) 예산 적자

3) 예산 흑자

4) 모르겠다.

07 화폐의 기능에 대한 다음 설명 중 잘못된 것은 무엇일까요?

1) 돈은 가치를 가지고 있어서 저축을 할 수 있다.

2) 돈은 상품과 서비스 거래를 더 쉽게 만들어 준다.

3) 돈은 살 수 있는 물건의 수가 적을수록 가치가 있다.

4) 모르겠다.

08 소득을 얻는 방법으로 나머지 방법과 다른 것은 어느 것일까요?

1) "우리 아빠는 경찰관으로 근무하고 봉급을 받으셔."

2) "우리 할머니는 가게를 빌려주고 월세를 받으셔."

3) "우리 삼촌은 핸드폰 만드는 공장에서 일하고 임금을 받으셔."

4) 모르겠다.

09 금융기관이 하는 일을 잘못 설명한 것은 무엇일까요?

1) 은행 - 돈을 맡아주거나 빌려주는 일을 한다.

2) 증권회사 - 주식을 사고 팔도록 도와준다.

3) 보험회사 - 개인이 내는 세금이나 신용카드 금액을 받는다.

4) 모르겠다.

10 신용에 대한 설명으로 옳지 않은 것은 무엇일까요?

1) 신용은 '내가 약속을 얼마나 잘 지킬 수 있는 사람인지'에
   대한 다른 사람들의 생각이다.

2) 신용이 좋은 사람에게는 은행에서 돈을 더 잘 빌려준다.

3) 물건을 살 때, 신용을 이용하면 항상 싸게 살 수 있다.

4) 모르겠다.

11 돈은 물물교환의 불편함으로 생겨났다.

O / X

평소 가정에서 경제에 관심을 가지고, 경제 이야기를 많이 나누는 학생들의 경우에는
설령 정답이 아니더라도 특정한 답을 선택한다. 하지만 경제용어를 전혀 모르거나, 평
소 경제에 무관심한 학생들은 '모르겠다.'를 많이 선택한다. 이것이 '모르겠다.'라는 선
택지가 있는 이유다. 오히려 이런 학생일수록, 경제교실을 경험한 후 다시 문항을 풀
때 전보다 유의미한 선택을 한다.

정답 : 1 / 1 / 1 / 1 / 3 / 2 / 2 / 2 / 3 / 3 / O

경제교육을 경험한
아이들의 강점

당신의 평판은 다른 사람들에 의해서 결정되는 것이다.
그것이 바로 평판이다.
당신이 어찌할 수 없는 것이다.
이것에 대해 당신이 할 수 있는 것은
오로지 당신의 성격을 통제하는 것밖에 없다.

– 웨인 W.다이어

어느 순간부터 뉴스를 틀면 이전 십여 년과는 다른 양상의 기사들이 쏟아지고 있음을 느낀다. 자신의 욕망을 통제하지 못해 범죄자가 되거나 인생을 망치는 사람들이 보인다. 더 부자가 되고 싶어 무리하게 빚을 내거나, 전 재산을 무분별하게 투자하거나, 혹은 미래에 대한 고려 없이 지금을 즐긴다며 흥청망청 돈을 써버리는 사례 등이 그것이다. 개인의 선택은 물론 존중되어야 하지만, 그와 별개로 자신의 욕망을 통제하고 미래에 대해 고민하며 돈을 관리하는 것은 중요하다. 오늘의 나만 내가 아니니까.

더군다나 곧 본격적인 경제활동을 시작하게 될 학생들에게 '욕망을 통제해야 한다'는 것은 특히 중요한 대목이다. 경제교육은 욕망을 통제하는 방법에 대해 알려준다는 점에서 학생들에게 꼭 필요하다. 금융교육을 통해 '올바른 소비'와 '선택에 따른 책임'을 배운 학생들은 이전보다 신중히 자신에 대해 생각하고 선택한다. 다시 말해 경제교육이 잘 이뤄진 학생은 합리적 사고를 할 줄 아는 학생이라는 뜻이다. 이는 자기조절능력이 현저히 낮은 학생들이 점차 늘어나는 요즘, 더 의미 있는 결과로 다가온다.

단순히 물건을 구매하기 전에 한 번 더 필요성과 효용에 대해 생각하는 수준으로 여겨질 수도 있다. 하지만 물건의 통제는 자기감정의 통제로 이어지고, 감정의 통제는 사회생활에서 보이지 않는 이익으로 다가온다. 이익을 고려한 합리적 사고는 학생의 행동을 변화시켜 지속적으로 적절한 감정통제가 이뤄지게 하는 것이다. 단편적인 예로 피구를 할 때 '나만 공을 계속 던지고 싶다'라는 욕구를 통제하고, '타인과의 관계'라는 중장기적인 목표를 위해 공을 포기하는 학생이 있다. 이런 학생에게 어떤 교우관계의 어려움이 있겠는가!

합리적 사고와 선택을 할 줄 아는 학생은 학교생활 전반에 걸쳐 이런 행동을 한다. 학교 안에서도 밖에서도 긍정적인 경험은 학습되고, 다시 긍정적인 효과를 일으키는 행동을 유발하면서 이런 면모는 강화된다. 이런 면모는 강화된다. 과한 비약이라고 생각할 수 있지만 실제로 현장에서 많이 경험하는 부분이다. 매년 경제교육을 시작하고 1년의 수업과정을 마칠 때 학생들은 '자신이 변화된 것을 느낀다'라는 이야기를 가장 많이 한다. 경제용어와 경제 현상에 대한 이해가 아니라, 자신의 감정과 행동과 자기 조절력에 대한 변화 말이다.

경제교실 속 금융교육은 또 다른 강점도 있다. 발표력과 논리력을 키워주는 것이다. 학생들은 살아가며 수많은 기회를 통해 다양한 발표를 하게 될 것이다. 학교 조별 과제, 대학교 발표 수업, 부모님을 설득하는 프레젠테이션, 직장 면접 등. 다양한 발표장소에서 자신을 잘 드러내고 논리적으로 말하는 것은 그 사람에 대한 신뢰를 주는 직접적인 요인이다. 신뢰는 타인으로부터 얻는 것도 있지만, 자기 자신에게서 오는 것도 있다. 성장기의 학생들에게 자기 신뢰는 가장 중요한 삶의 요소 중 하나다. 금융교육은 다양한 활동을 통해 직간접적으로 이러한 능력을 길러준다. 학생들은 스스로 향상된 발표력을 체감하며 다양한 활동에 대한 자신감을 내비친다.

학급의 세금이 바닥나지 않게 하려고 세금을 더 걷어야 할 때, 정부 구성원들은 학급의 다른 학생들을 설득해야 하고 학생들 앞에서 주장을 발표해야 한다. 직업에 경쟁이 붙었을 때, 해당 직업에 자신이 더 적합하다는 것을 다른 학생들 앞에서 이야기해야 한다. 내가 가진 직업의 하는 일이 월급에 비해 많다면 월급 인상을 위해 자신의 주장을 말해야 하고, 성공적인 자기 사업을 위해서는 자신과 사업을 홍보해야 한다. 이런 일련의 학급 경제활동 속에서 학생들의 발표력과 논리력은 자연스레 향상되고, 학생들의 자신감도 더불어 높아진다. 높은 자신감과 자기 신뢰는 성공적인 학교생활과 친사회적 교우관계로 이어지며, 학생의 발전을 돕는다. 단지 금융교육을 했을 뿐인데 말이다.

선생님이 먼저 배우는
기초 경제개념

세상을 변화시키려면
먼저 나 자신을 변화시켜야 한다.

– 달라이 라마

한국은행에서는 매년 경제금융용어 700선을 발간하고 있다. 경제금융 활동에 도움이 될 수 있도록 기본적인 용어를 정리한 책자이다. 성인이 되어 경제 공부를 할 때에는 큰 도움이 되지만, 초등학생 수준에는 어렵고 난해한 용어가 많이 있어 그대로 쓸 수는 없었다.

교육과정에 나와 있는 경제 분야 핵심 용어가 50개 정도 있다. 그 내용과 한국은행에서 발간한 『초등학생을 위한 한국은행의 알기 쉬운 경제 이야기』[3]에 나오는 용어들을 토대로 경제교실에서 학생들이 배울 수 있는 내용을 정리했다. 학생들이 사회나 과학을 어려워하는 경우를 보면, 자신이 이해할 수 없는 용어들로 가득하기 때문이라는 사실을 알 수 있다. 특히나 경제교육에서 용어가 지닌 의미는 중요하기에 학생들의 수준에 맞는 설명으로 적절하게 용어를 알려주는 것이 필요했다.

교사도 마찬가지이다. 나 역시 성인이 되고 나서야 경제의 중요성과 경제교육의 필요성을 느끼고 공부를 시작했다. 그때까지만 해도 경제 지식이 많은 편은 아니었지만, 경제교실을 두려워할 필요는 없다고 생각했다. 경제교실에서 학생들과 함께 체험할 내용을 먼저 숙지하고, 조금씩 배움을 늘려나가면 된다고 여긴것이다. 내가 아는 것들을 어떻게 교실에 적용할 수 있을지를 생각하면서 자신만의 경제교실 콘텐츠를 추가했다.

---

3. 한진수 지음, 한국은행 발행

3부에서는 교실에서 사용하는 경제용어를 하단에 설명했다. 학생들이 이해할 수 있는 수준으로 변형했으니, 내용을 기억하면서 지도해 보자. 일 년이 지난 후 학생들은 경제교육에서 가장 중요시되는 '실천적 체험'을 통한 경제 지식습득을 이룰 것이다.

PART 3

경제교실
사용설명서

건국

교실에 세워진
아이들의 국가

국가란 인간과 다름없다.
왜냐하면 국가도 인간처럼
가지각색의 성격으로 형성되어 있기 때문이다.

– 플라톤

본격적으로 경제교실을 시작하기 전에 사전에 준비해야 할 자료들이 있다. 그 중 가장 우선되는것은 학부모안내장이다. 경제교실에서 모든 활동은 학생들과 만들 가상의 화폐로 진행되지만, 교실 안에서 가치를 가지고 사용되는 화폐이므로 다양한 민원과 문제 상황에 직면할 수 있다. 불필요한 오해를 방지하기 위해 본 프로젝트를 하는 목적과 진행 과정에 대한 학부모 설명과 동의가 꼭 필요하다. 이를 위해 학부모안내장에는 전체적인 진행 과정을 간략히 안내하고, 경제교육의 필요성에 중점을 두어 설명했다.

학생들도 볼 내용이니 너무 자세한 공개는 하지 않았다. 결말을 다 알고 보는 영화는 재미없기 마련이니까. 아, 물론 경제교실을 운영하는 입장에서는 결말을 다 알고 진행해도 재미있었다. 학생들에게 안내할 때는 경제교육의 '교육적 목적'에 중점을 두어 설명했다. 이 프로젝트는 선생님이 '특별히' 하는 것이기도 하고, 교육과정 재구성과 자료 준비에 많은 시간과 정성이 들어가는 만큼 다툼과 갈등이 심해지거나 규칙을 어긴다면 언제든 그만할 수 있다는 것을 강조해서 말해주었다. 경제교실을 소개할 때 마다 아이들의 눈망울이 초롱초롱해진다. 새로운 학년 시작에 대한 걱정과 난생처음 접하는 새로운 학급 운영 방식에 대한 긴장은 금세 기대와 설렘으로 바뀐다.

학기 초에는 많은 친교 활동을 통해 학급 운영의 틀을 다진다. 경제교실에도 틀이 필요하다. '건국'을 하는 것이다. 먼저, 학생들이 자신의 이름에 담긴 뜻을 알아 올 수 있게 숙제를 내준다. 그리고 한 명씩 발표해보도록 한다. 모두 아름다운 뜻을 가진 이름을 발표할 것이다. 모두가 각자 가족의 소중한 구성원일 테니까 말이다. 이와 같은 활동을 통해 '이름이란 소중한 것이다'라는 것을 알게 해준 후, 소중한 우리 반을 위한 이름을 지어주자고 제안한다.

일 년 동안, 아니 어쩌면 졸업하고도 사용될 반 이름이라는 사실에 아이들은 저마다 열심히 생각한다. 어떤 해에는 고래처럼 넓은 세계를 헤엄치는 사람들이 되자는 의미로 '고래국'이라는 이름을 제안받았다. 또 다른 해에는 해처럼 밝은 사람들이라는 뜻으로 '햇님국'을 제안한 학생도 있었다. 기쁠 희喜, 따뜻할 온溫 한자를 사용해 '희온국'이라는 이름을 짓게 된 적도 있었다. 일 년 동안 함께 지켜나가고 싶은 가치가 화목이라며, 화목하게 추억을 쌓자는 의미로 꽃말이 '소중한 추억'인 '에델바이스국'을 제안받은 적도 있었다.

희온국 국기

에델바이스국 국기

이처럼 이름이 만들어지면 국화, 마스코트 등 우리 반을 상징하는 요소들이 만들어지고, 이를 토대로 건국 신화를 만든다. 상징물은 미리 준비해두면 좋다. 직접 참여해 나라를 만들어가는 과정에서 학생들의 소속감이 높아지게된다. 이는 12월까지 화목한 교실을 유지하도록 도움을 주었다.

교사는 대통령이 되고, 매 학기 회장은 총리가 되어 나라를 이끈다. 나라 이름이 '희온국'이던 때에는 교실에 선인장과 인형이 있었는데, 이를 토대로 국기를 만들었다. 국기와 국가명, 상징물은 경제교실에도 좋지만, 굳이 경제교실을 하지 않아도 학교생활에서 학생들의 소속감과 단합력을 기르기에 좋았다.

국기를 로고화하여 학생들에게 기념품으로 나눠주기도 했다. 원형 스티커 용지로 인쇄한 다음, 그립톡을 온라인으로 사 스티커만 붙이면 굿즈가 완성되었다. 스티커만으로도 학생들은 많이 좋아했다. 국기의 채택과 로고의 채택은 투표로 결정했다. 인기투표가 되지 않도록 한 명당 세 표를 줘서 중복투표 불가로 투표를 했고, 아무도 표를 받지 못하는 학생이 없도록 했다. 국기와 로고는 각기 다른 사람에게 뽑히게 함으로써, 많은 학생이 성취감을 느끼도록 했다. 화폐에서도 마찬가지였다. 이렇게 만들어진 로고는 기념으로 곳곳에 사용되고 국기는 코팅하여 일 년 내내 교실 안내판에 붙이니, 만든 제작자들의 성취감은 이루 말할 수 없었을 것이다. 자극을 받은 다른 학생들은 미술 활동이나 기타 활동에 보다 성실하게 임했다.

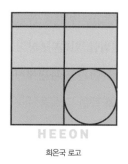
희온국 로고

그립톡 예시

국가가 만들어지면 가장 먼저 필요한 것이 무엇일까? 나는 법이라고 생각한다. 2인 이상이 모이면 집단이 되고, 서로 다른 생각과 성장 배경을 가진 사람들은 각자 다른 행동을 한다. 갈등은 필연적으로 생긴다. 교실은 갈등이 생길 수 밖에 없는 하나의 작은 사회다. 그렇기에 헌법을 만들었다. 고학년 1학기 사회에는 헌법에 관한 내용이 꼭 나온다. 수업과 연계하여 헌법을 만들자고 학생들에게 제안하였다. 학생들에게 헌법은 어렵고 지루한 내용이다. 하지만 학급 규칙을 만드는 것은 다른 이야기다. 우리 반은 하나의 국가이며, 국가에는 법이 있고, 따라서 우리 반의 학급 규칙은 곧 헌법이 된다. 이렇게 설명해주니 학생들의 눈빛이 달라졌다. 헌법이 주는 무게감으로 인해, 학생들은 더욱 신중히 학급 규칙을 제안했다. 물론 장난스러운 규칙제안도 있었다.

그래서 헌법을 제안할 때는 5명의 동의를 얻어오게 했다. 그리고 전체 학생들의 과반수 투표를 통해 동의를 받은 후 학급 규칙으로 정리했다. 학생 한 명 한 명은 국회의원이 되어 헌법을 정하고, 제안하고,

바꿀 수 있었다. 누구나 제안할 수 있었고, 동의만 받는다면 새로운 헌법이 만들어지기도 했다. 물론 대통령인 선생님의 거부권도 적어두었다. 실제 대한민국 헌법을 기반으로 한 헌법 예시는 이 책의 부록에 첨부해두었다. 지금부터는 헌법을 만들 때 고려했던 부분들을 소개한다.

> 아래 내용은 부록으로 제시한 '희온국 헌법'을 기반으로 했다.
> 부록 263쪽을 참고하여 헌법교육과 연계하면 더욱 완성도 있는 수업이 될 것이다.

헌법에서 제1장 '총강'과 제2장 '국민의 권리와 의무'는 대한민국 헌법을 그대로 가져와 교실 사정에 맞게 수정했다. 제5장에서 표현하는 법안은 학생이 학생을 판결한다는 부분이 교육적으로 좋지 않겠다는 생각이 들기도 했다. 삼권분립이 헌법상에 있고 중요하다는 것을 설명하고자 이 조항을 넣어두었으나 실제로 위법사항에 대한 판단은 교사가 했다.

제7장에는 '교육법'을 넣어 수업 태도에 대한 규칙을 학생들이 스스로 점검하도록 했다. 가정통신문 관리를 소홀히 하여 분실하거나 제출일을 어기는 것은 교사에게 있어 참 곤혹스러운 상황인데, 관련 조항을 넣음으로써 학생들이 자신의 가정통신문을 소중히 여기고 기한을 잘 지키게끔 지도하고 싶었다. 제 8장에서는 규정한 '도로교통법'을 토대로 물건 정돈에 대한 교육 효과를 얻을 수 있었다. 실제 존재하

는 도로교통법을 일부 인용하여 교실 상황에 맞게 변경했다. 물건을 차에 비유하여 올바른 위치에 잘 두지 않는 '주차 위반'을 할 경우 사용자에게 벌금을 내도록 하는 조항이었다.

제10장 '금융거래법' 조항은 다른 법안보다 경제교실에서 더 중요하게 여겨지는 부분이었다. 특히나 21조 3항의 경우, 학생들이 실제 돈을 학급 화폐와 교환하거나 방과 후에 학급 화폐를 지급할 테니 가방을 대신 들어달라는 식의 문제를 예방하기 위해 만들었다. 21조 6항이 적용된 경우는 1년에 한두 번 정도다. 계산 실수로 통장의 금액을 부족하게 적는 경우는 한 번쯤 넘어가 줘도 괜찮지만, 과하게 적는 경우는 엄격하게 적용하여 경제 질서가 무너지는 일이 없도록 해야 한다.

경제교실을 위한 퍼플 어플리케이션으로 온라인 통장을 만들었을 때 한 학생이 어플리케이션 내 버그를 발견한 적이 있다. 돈을 은행에 넣어 이자를 받고 뺄 때마다 1스타씩 금액이 오르는 현상을 발견한 후 이를 악용하여 하루에 300스타를 벌어들인 것이다. 이를 이상하게 여긴 은행원의 자진신고로 금액을 환수하게 되었고 이를 계기로 해당 조항을 학생들에게 다시 상기시키며 올바른 금융거래에 대해 교육할 수 있었다.

제27조의 세금사용 조항을 설명하면서 국가의 세금이 무엇을 위해 쓰이는지 학생들에게 지도했다. 교육자는 대통령으로서 이 조항을 일부러 어기고 마음대로 세금을 사용한 후, 왜 개인이 마음대로 세금을 사용해서는 안되는지 지도하면 좋다. 민주적 자질과 더불어 세금과 그

사용처에 대해 지속적으로 관심을 가져야 한다는 것을 학생들에게 각인시킬 수 있기 때문이다.

제18장의 '전학생 특별법'은 정부 부처에 속해있는 임원들의 제안으로 만들어졌고, 모든 학생들의 투표로 법안이 확정되었다. "우리 반에 만약 전학생이 온다면, 어떻게 해야 전학생이 빠르고 쉽게 경제교실에 익숙해질 수 있을까?"라는 교사의 발문에서 시작된 법안이었다. 적절한 지원 방식과 금액에 대해 토의를 하고 투표를 통해 결정되었다.

제19장의 '실업자 특별법'은 애초에 경제교실에 큰 의욕을 느끼지 못한 학생이나, 잘못된 경제적 선택으로 실업자 또는 파산한 학생들을 위해 학생 제안으로 만들어진 법안이다. 모든 학생에게서 금액을 받는 것에 대해 실업자가 아닌 학생들은 반발이 있었지만, 법안을 제안한 학생들이 국민연금과 같은 방식의 기본적 생활을 위한 비용이라고 설득해내며 이 법안을 통과시켰다.

헌법의 일종으로 벌금표를 작성하기도 했다. 벌금 제도를 추천하고 싶지는 않지만, 경제교실과 관련된 금융분야에서는 활용했다. 통장의 숫자를 일부러 부풀려 적어 금액을 늘리거나, 지하경제를 만들거나 하는 부분들은 경제교실을 하면서 새로이 생겨날 문제다. 그렇기에 벌금으로 해결을 볼 수 있지만, 소란이나 욕설 폭행 등의 문제는 생활지도가 반드시 선행되어야 하기 때문에 벌금을 활용하더라도 생활지도에 중점을 두어 지도했다. 자칫 벌금이 학생에게 면죄부로 여겨질 수 있다는 점을 감안하되, 금융 거래와 관련된 부분에서는 법을 엄격하게 적용하여 경제교실의 활동들이 잘못된 방향으로 흘러가는 것을 방지해야 한다.

경제교실에 앞서 나에겐 원칙이 있었는데 '우리 반 전체의 행복과 공정'이었다. 이를 어기는 법안이 나올 때 거부권을 행사할 수 있다는 조항을 헌법에 같이 넣어 부적절한 헌법을 방지하고, 나오면 거부권을 행사했다. 물론 학생들은 스스로 이미 현명한 존재들이어서, 부적절한 법안은 알아서 투표를 통해 부결시켰다. 거부권을 쓴 것은 경제교실을 하며 단 한 번뿐이었다.

다양한 방식의 법안 제안을 시도했었다. 누구나 자유롭게 의견을 내도록 익명의 포스트잇으로 정해진 게시판에 붙이게 하는 방법도 그 중 하나였다. 얼토당토않은 법안이 종종 나오고, 가끔은 고백 종이가 등장해 폐지했다. 실제 법안의 처리 과정을 알려주고 싶어 상임위원회와 본회의 단계를 거치는 방식의 법안제안방법도 시도했다. 상임위원회는 위원들을 학생 중에서 뽑았다. 상임위원회 투표를 거쳐 승인된 법안만 본회의에 올리는 방식으로 운영했다.

하지만 상임위원들의 권력이 커져 법안 대부분이 부결 처리되었고, 학생들의 좌절감이 커지면서 폐지하게 되었다. 별도의 법안제안서 양식을 만들어 5명의 동의를 받고, 이를 우리가 국무회의라 부른 학급회의에서 안건으로 올려 다수결 투표를 하는 방식이 가장 효과적이었다. 법안이 꼭 많을 필요는 없다. 규칙은 짧고 간결할수록 좋으니까. 헌법처럼 상징적인 내용. 예를 들어 '헌법 제1조 1항, 에델바이스 국은 민주적인 국가이다.'와 같은 내용은 해가 바뀌어도 계속 쓰고, 매해 학생들과 꼭 지켜야 할 간단한 학급 규칙은 새로 정해서 집어넣었다.

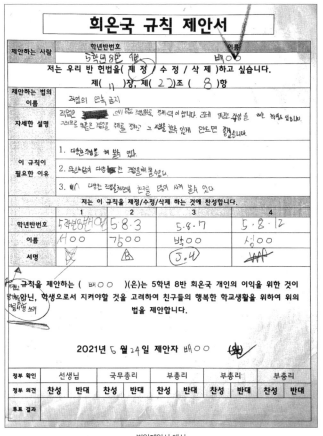

법안제안서 예시

국가를 만들고 국기, 헌법도 만들고 나니 어엿한 국가가 완성되었다. 2~3주에 걸쳐 수업과 함께 짬짬이 만들어나가면 한해살이 준비가 끝난다. 이제 본격적인 경제교실을 시작할 시간이다. 규칙을 만드는 시간은 치열하기도 하고, 대부분을 투표로 결정하다 보니 지치기도 한다. 하지만 더 재미있는 활동을 위한 발판이라는 생각에 아이들을 보며 홀로 미소 짓는다. 한 학생이 다가와 묻는다.

"선생님 왜 웃으세요?" 나는 웃으며 답한다.

"곧 너희들이 보여줄 반응에 잔뜩 기대되어서!"

화폐

우리만의
돈을 만들자

재물은 생활을 위한 방편일 뿐
그 자체가 목적이 될 수는 없다.

– 칸트

쉬는 시간에 교실에 앉아 학생들을 지켜보고 있으면, 교실이 꼭 하나의 작은 사회 같다는 생각이 들었다. 집단과 이해관계, 서로 다른 생각이 만나 대화와 타협이 이뤄지기 때문이다. 나는 여기에 경제를 추가하고 싶었다. 우리가 사는 사회는 자본주의 사회고, 자본주의 사회를 살아갈 학생들에게 자본주의와 경제를 가르치는 것은 당연한 과정이라는 생각이 들었다. 그렇다면 경제를 활용한 교실을 만들 때, 가장 먼저 필요한 것은 무엇일까? 돈이었다.

돈이 없던 시절 인간은 물물교환을 통해 필요한 물건을 거래했다. 불편함을 해소하고자 기준 화폐가 생겨났고, 서로의 신뢰를 바탕으로 종이 화폐가 물물교환의 자리를 대신하게 되었다. 교실에 생기는 화폐는 인간의 경제적 발전과정을 그대로 본떠 진행되었다. 단 몇 시간으로 수백 년에 걸쳐 생겨난 경제 현상을 체험하게 할 수 있다니. 교육의 짜릿함이란 이런 걸 두고 말하는 것이 아닐까.

교실에 쓰일 화폐도 여러 가지 방식을 사용해보았다. 그 중 종이 화폐, 온라인 화폐, 통장을 활용하는 세 가지 방식을 가장 많이 사용했다. 통장은 용돈 기입장을 사용하고, 학생들이 활동하며 얻은 수입과 지출을 기재하게 하는 방식이었다. 통장 속 금액을 제외하면 따로 화폐가 없었다. 통장에 기재하는 방법을 자세히 안내해주면 이후에 학생 스스로 적을 수 있고 간편하게 금액을 확인할 수 있다. 교육과정에 용돈 기입장 작성법이 있는 만큼 수업 연계에도 용이했다. 반면에 잃어버리기 쉽고, 100원을 벌었는데 200원을 벌었다고 거짓으로 작성하거나, 지출 후 잔액 계산에서 덧셈 뺄셈의 계산 착오로 잔액을 잘못 적는 등 오류가 있을 수 있으므로 교사의 지속적인 개입이 필요했다.

온라인화폐는 puple.kr 애플리케이션을 활용한 방법이다. 꼭 해당 앱이 아니더라도 엑셀 등을 활용해서 온라인으로 화폐를 지급하면 된다. 우리가 쓰는 온라인계좌와 같은 원리이다. 온라인화폐는 계산이 정확하고 매우 편리하여 교사와 학생들이 일단 적응만 하면 쉽게 이용할 수 있는 장점이 있었다. 태블릿이 학교별로 보급되는 상황에서 더욱 사용하기 좋았다. 현실사회에서 쉽게 마주할 온라인 거래 상황을 미리 익힌다는 의미도 있었다. 다만 실물화폐와 비교해 현실감각이 떨어진다는 단점이 있었다. 신용카드에서 돈이 빠져나가는 것이 지갑에서 화폐를 꺼내는 것보다 훨씬 무감각하다는 것을 생각해보면 된다. 아이들도 우리가 느끼는 감정을 똑같이 느끼게 되는 것이다.

여러 가지 시행착오를 거쳐, 결국 우리 반 경제교실에서는 실물화폐를 꼭 만드는 방향으로, 필요에 따라 위 두 가지 중 하나 이상을 섞어 쓰는 방식으로 결정했다. 우리도 살아가며 온라인계좌, 현금, 통장을 모두 다 사용하게 되는 것처럼 말이다.

실물화폐를 사용하려면 먼저 화폐의 탄생에 대한 교육이 필요했다. 어떤 필요 때문에 화폐가 생겼는지 간단한 이야기로 설명해 준 후, 세계 여러 나라의 화폐를 살펴보았다. 세계의 화폐에는 크게 단위 및 그 나라의 상징물이 공통으로 나온다.

자, 예시도 봤으니 이제 우리 국가의 화폐를 만들 차례다. 먼저 우리 반의 단위를 정한다. '별처럼 빛나는 우리 반'이라는 뜻의 '스타' 단위도 있었고, '에델바이스'의 뒷글자를 딴 '바이스' 단위를 제안받은 적도 있었다. 투표로 단위를 정한 뒤에는 지폐를 만든다. 지폐 단위는 1, 5, 10을 추천한다. 단위와 범위를 정했다면, 단위만 적혀있는 정해진 화폐 양식지를 학생들에게 나눠주고, 미술 교육과정과 연계하여 자유롭게 우리 반 화폐를 만들어보도록 한다. 1년 동안 쓰이는 화폐가 나의 작품이라는 사실은 학생들에게 큰 성취감을 준다.

그렇다면 되도록 많은 학생이 성취감을 느끼게 하는 것이 좋지 않을까? 1단위 5단위 10단위의 화폐를 선정할 때 각각 다른 학생을 뽑았다. 자신의 작품이 쓰일 때의 감정을 더 많은 학생이 경험하도록 한 것이다. 하지만 실제로 사용할 때 통일감을 느낄 수 있도록 어느 정도 구성이 되어 있는 양식지를 써야 했다. 그래야 화폐를 각각 선정하더라도 큰 이질감이 없었다. 투표는 국기 때와 같이 한 명당 세 표 혹은 다섯 표 정도를 주어 인기투표가 되지 않도록 했다. 국기나 로고에서도 마찬가지지만, 화폐에서도 대개 미술을 잘하는 학생이 뽑히게 마련이었다. 이렇게 투표 결과가 중복되는 경우에는 선정된 화폐를 기념 화폐로 선정하여 전시하고 실제로 사용하는 화폐는 이전에 선정되지 않은 학생 중에 뽑히도록 했다. 더 많은 학생에게 선정의 기쁨을 주기 위한 것이었다. 특별한 날에 기념 화폐를 발행하면 오히려 더 좋은 교육적 효과가 있었다.

기념주화

화폐의 인쇄는 색지를 사용했다. 빠른 거래와 위조 방지를 위해 색지로 인쇄하면 학생들이 자신의 화폐를 정리하기에도 편하고, 굳이 컬러로 인쇄할 필요가 없기에 자원도 아낄 수 있었다. 매년 이 활동을 하기에 코팅은 추천하지 않는다. 자원 낭비가 심하고, 종이 재질이 주는 지폐의 느낌이 사라지기 때문이다. 화폐 뒷면에 선생님 도장을 찍는 등 가벼운 표시를 하는 것으로도 위조지폐를 예방할 수 있다.

뒤에서 구체적으로 다루겠지만, 화폐를 사용하여 교실에서 경제교육을 하다 보면 현실사회에서 마주하는 다양한 문제 상황을 비슷하게 체험할 수 있다. 이러한 문제를 학생들과 함께 해결해나가는 것도 교육적으로 큰 의미가 있고, 책에 나온 일화를 통해 미리 방지하는 것도 안정적인 학급 운영에 의미가 있으니 참고해서 취사선택하면 된다.

현실감 있는 경제활동을 위해 금고를 구매했다. 화폐를 제작한 뒤에는 선생님이 중앙은행 역할을 맡아 돈을 보관하다가, 은행원 직업을 담당하는 학생에게 돈을 지급하면 된다. 사회에 있는 중앙은행 개념을 모르더라도, 학생들은 체험적으로 돈의 흐름을 공부하게 된다.

이제 화폐가 만들어졌으니 학생들에게 나눠줄 준비가 되었다. 어떻게 나눠줄지 방법에 대해 고민을 하게 된다. 더욱 의미 있는 경제활동이 학생들을 기다리고 있기 때문이다.

Tip 이렇게 설명해요!

화폐
물건의 가치를 나타내어 물건을 바꿀 수 있게 해주는 약속된 교환 상징물.

* '약속된'이라는 표현이 중요하다. 서로 약속된 상징물이라면 어떤 것도 화폐가 될 수 있다는 것과 약속되지 않았다면 화폐로 인정받지 못한다는 것을 알려줄 필요가 있다. 돈이라고 생각하지 못했던 병뚜껑도 화폐가 될 수 있다는 것, 반대로 교실에서 쓰이는 교실 화폐는 실제 사회에서 화폐로 인정받지 못하는 것을 학생들에게 알리는 표현이다.

직업과 은행

모두가 행복하게
일하는 방법

사람들이 일에서 행복하기 위해서는
세 가지가 필요하다.
적성에 맞아야 하고,
너무 많이 해서는 안 되며,
성취감을 얻을 수 있어야 한다.

– 존 러스킨

이제 화폐를 나눠줄 시간이다. 많은 교사들처럼, 나 또한 교실에 있는 모든 구성원이 각자 다른 역할을 맡아 1인 1역을 가질 수 있도록 했다. 하지만 이렇게 1인 1역을 진행하다 보면 하는 학생만 열심히 하는 경우가 있고, 원하는 역할을 맡지 못해 학생의 의욕이 떨어지는 경우도 있었다. 실제로 교실에 필요한 역할이 많지는 않았다. 1인 1역의 목적은 교실에 대한 소속감을 높이고 책임감을 기르는 것인데, 하면 할수록 목적과 멀어지는 듯했다.

이런 점은 교사의 지적과 학생들의 고발로는 개선되지 않았다. 교육적 의도와 다르게, 받아들이는 학생이 '왜 내가 이 역할을 해야 하는지'에 대해 충분히 이해할 수 없다면 교육적 효과가 없다는 판단이 들었다. 그런 부분을 보완하고자 학생들의 노동에 대한 정당한 대가를 지급하기로 했다. 직업이 탄생하는 순간이었다.

초등학교 지도서에서는 직업의 의미를 '사람이 살아가는 데 필요한 물질적 자원을 정당하게 취득할 수 있게 하는 수단이며, 사회적 지위를 결정해주는 동시에 자아를 실현하는 기회를 마련해 주는 일련의 행위'라고 정의하고 있다. 학생이 학급에서 지내는데 필요한 화폐를 정당하게 취득하게 해주고, 사회적 지위와 자아실현을 가질 기회를 마련해주는 것! 1인 1역의 문제점에 대한 대안이 여기 있다고 믿었다.

방식은 간단했다. 교실에 필요한 역할을 직업으로 만든 후, 적절한 보상을 매달 혹은 격주마다 학급 화폐로 지급하는 방식이었다. 경제교실에는 현실 세계와 유사한 많은 직업이 필요했다. 국무총리, 공무원,

은행원, 사회복지사, 경찰, 판사, 변호사, 선생님, 신용평가사, 도매상인, 청소부, 군인, 사서, 디자이너, 국세청, 방역 요원, 탐정, 우체부, 통계청, 임대사업자, 스페인어 강사 등등…. 학생의 취향과 흥미에 따른 다양한 직업이 만들어졌고, 더이상 학급의 28명 모두에게 역할을 나누기 위해 고민할 필요가 없어졌다. 매번 28개에 가까운, 때로는 그보다 더 많은 직업이 생겨났다. 직업이 줄어들어도 상관이 없었다. 실업 또한 학생들이 공부해야 할 경제 현상의 일부였기 때문이다. 경제교실에서 주로 사용되었던 직업과 학생들이 만든 특별한 직업들을 하나씩 소개하고자 한다.

먼저 국무총리와 부총리다. 학급의 회장을 국무총리로 임명했고, 임명직이기에 공무원 고정 수입을 받아 갔다. 학급회장은 국무회의를 주도해야 했고, 선생님들께 인사드리거나 학생통솔에 큰 도움을 주는 봉사를 했기에 다른 직업을 할 수 없었다. 다만 그것에 맞게 고정적인 수입을 주어 생활에 지장이 없도록 했다. 마치 정부 부처의 국가 의전 서열처럼 총리가 체험학습이나 질병으로 빠지게 된 경우 부회장을 부총리에 임명하거나, 선출직 부총리를 직업으로 만들어 회장이 없는 경우를 대신하도록 했다.

은행원은 경제교실의 꽃이다. 교사는 대통령이자 중앙은행의 역할을 맡아 돈을 시중 은행장인 은행원에게 넘겼고, 넘긴 돈은 은행원이 보관하고 있다가 매달 혹은 격주마다 학생들의 직업별로 급여가 되어 지급했다. 물론 시간이 흐르면서 대출업무와 예 · 적금업무가 추가되었기에 셈이 빠르고 꼼꼼한 학생이 담당하는 것이 좋았다. 따라서 은행원 같은 일부 직업에는 자격요건을 달았는데, 수학 단원평가에서 일정 점수 이상 도달한 경우를 지원조건으로 정했다. 물론 계산기도 지급하였고, 두 명 정도의 은행원을 두어 한 명의 학생에게 과중한 업무가 몰리지 않도록 했다. 경제원리를 체험적으로 이해하는 것이 경제교육의 본질이자 목적이었기 때문이다.

은행원이 담당해야 하는 금융상품이 점차 많아지고, 모둠 활동이 많아질 때쯤 공무원 직업을 새로 만들었다. 각자의 모둠에서 한 명의 공무원을 선출하고 해당 공무원이 모둠원의 직업에 대한 급여를 지급하는 방식이었다. 또, 공무원으로서 모둠원들의 수업 활동을 지원하고 청소나 수업 태도를 바르게 할 수 있도록 안내하는 역할을 맡겼다. 선출직이었기에 모둠원에게 공정하지 않다면 바뀔 수 있었다.

신용평가사는 학생의 신용등급을 결정하는 직업이다. 대출과 신용을 도입하며 경제에서 신용의 중요성을 알려주고 싶었다. 모든 학생을 7등급부터 시작하게 하여 안내문이나 숙제를 정해진 기한 안에 정확하게 가져오면 O표시로 신용점수를 1점 올렸다. 기한을 넘기면 X표시로 -1점이었는데, 기한이 지난 이후에라도 가져오면 O로 덧칠하여 신용점수에 변동이 없도록 했다. 이런 식으로 일주일 혹은 2주에 한 번 점수를 계산한 후 점수대에 대한 등급을 부여했다.

통계청은 위의 O, X 작업을 하는 직업이었다. 많은 학생의 가정통신문이나 과제를 모으는 역할이었기에 때로 두 명을 두어 역할이 과중해지지 않도록 했다.

도매상인은 학급의 소비품을 파는 직업이었다. 교과서를 분실하거나 준비물을 두고 온 학생에게 일정 학급 화폐를 받고 빌려주는 일 또는 선생님 사비로 준비한 과자, 연필, 학급 상품권을 판매하는 역할을 했다. 도매상인은 선생님으로부터 이 물건들을 사들여 팔도록 했다.

국세청은 학급의 세금수익을 계산하는 직업이었다. 나라에서 세금을 걷으면 그 금액을 표기하여 학생들에게 알렸고, 학급 단위 소비가 있거나 수입이 있을 때 국세청이 기록하게 했다.

위에서 나열한 직업들은 경제교실에 꼭 필요한 것이었다. 나는 이를 포함한 다양한 직업들을 정해두고, 학생들이 원하는 직업을 선택하도록 했다. 경쟁이 심한 직업은 '이력서 쓰는 법' 수업을 통해 공개 채용했다. 이력서로도 가려지지 않는 경우 공개 면접으로 학생들에게 투표하여 직업을 선정했다. 원하는 직업이 없는 경우 직업제안서를 작성하게 하여 학생 스스로 직업을 정하게 했다. 조건은 직업이 학급 구성원 모두에게 긍정적인 방향으로 도움이 되어야 한다는 것이었다. 이런 배경에서 학생들이 직접 제안하여 만들어진 직업들도 많았다. 가장 인상 깊었던 직업들을 떠올려보면 아래와 같다.

배려하는 우리, 자주적인 수업		
교과목:실과 (직업선택)	직업 지원서(이력서)	5학년 희온반 자신만 알아들 수 있는·별명을 쓰세요 가명 Emma

🌐 이력서란 무엇인가요?

이력서는 취업을 하기 위해 자신의 학력, 경력 등의 정보를 작성하여 회사에 제출하는 문서를 이야기 합니다. 희온국의 직업을 선택하기 위해 이력서를 작성해 봅시다.

🌐 이력서 작성하기

Job 희망 직종	스페인어를 가르쳐어요. ♡♡♡○○○		
Experience 경력 사항 (없을 경우 경력없음)	근무 기간 예)21.3.24~5.24.	업무 내용 스페인어를 가르쳐요. 한국어하고영어를 배워요	자기평가 <솔직하게,구체적으로 작성하세요> 나는 배우고 가르치는 것을 좋아하기 때문에 이 직업들을 원해요.
Difi 이 직업에 예상되는 어려움	아무도 영어를 모르기 때문에 의사 통이 잘 안 돼요		
해결방안			
razón 이 직업을 하고 싶은 이유	나는 모국어를 가르치고 싶어요		
Que soy bueno 자기PR (이 직업을 왜 내가 해야만 하는지, 나의 장점, 신용등급 자랑,직업과 관련된 나의 장점,하고 싶은 말,다짐등등)	저는 가르치는 것을 잘해요. when? When are you going to do it? How? How are you going to teach? who? Who are you going to teach? → ? If you get receive the application then has?		You can use your class

스페인어 직업 제안서

스페인어 강사

10월경에 외국인 전학생이 온 적 있었다. 에콰도르 전학생이었는데, 한국에 오기 위해 한국어 공부를 했음에도 원활한 소통이 어려웠다. 대부분의 의사표현을 영어로 구사할 수 있었고, 학생이 워낙 명랑하여 다른 학생들과의 관계가 좋았음에도 그 이상의 깊이 있는 우정으로 이어지지는 못했다. 이 학생도 그런 어려움이 속상했는지, 학생들의 경제활동을 지켜보다가 스페인어 강사를 하고 싶다는 제안을 해왔다. 주어진 창의적 체험활동 시간 일부를 활용하여 스페인어 기초과정수업을 만들었고, 학생의 열정적인 강의 덕분에 많은 학생이 간단한 스페인어를 익히게 되었다. 초급단계의 스페인어로 대화하면서 서로에게 더 관심을 가지게 되었고, 단짝 친구가 생기며 학급 활동에 더 깊이 있게 참여하는 계기가 되었다.

사서

학기 초 독서에 대한 중요성을 강조하고 독서교육을 많이 진행하다 보니 책을 읽는 시간이 늘어났다. 단체로 도서관을 다녀온 후 학생들은 자신의 흥미를 찾아 책을 읽기 시작했는데, 독서에 특히 흥미를 보인 한 학생이 사서라는 직업을 제안했다. 학급문고를 자신이 꾸미고 정리하고, 또 마음에 드는 책이나 추천하고 싶은 책을 소개하는 역할을 하겠다고 했다. 학생의 흥미와 학급에 대한 기여를 동시에 추구할 수 있는 좋은 직업이었던 셈이다.

이외에도 다양한 직업을 교사가 제안하거나 학생들이 만들며 학급에서 각자의 역할을 찾았다. 꼭 필요한 직업이지만 힘들거나 어렵다는 이유로 지원자가 없는 경우 급여를 인상하여 지원받았다. 필요치 않은 직업은 매달 회의를 통해 없애거나 새로운 직업을 추가하는 방식으로 학생들과 토의하여 그달의 직업을 정했다. 학생들은 자신의 직업을 대체로 만족해했고, 자신의 직업 속에서 더 효율적으로 일을 발전시키거나 새로운 프로젝트를 제안하기도 했다. 교사의 개입 없이도 자주적인 교실이 만들어진 것이다. 학생 스스로 하고 싶은 일이 떠오르지 않아 다른 친구들이 원하지 않는 직업을 맡게 된 학생들도 있었다. 힘든 일인 만큼 다른 친구들의 인정과 충분한 급여를 받았기에 원하는 직업이 아님에도 학생들은 매우 즐거워하며 참여했다.

급여는 2주 혹은 4주에 한 번씩 지급했다. 교사의 편의를 위해서는 4주에 한 번이 좋지만, 더 다양한 경제 상황을 경험하기 위해서는 2주에 한 번을 권하고 싶다. 실제 돈을 학급 화폐와 비교하기는 어렵지만, 현실성을 부여하고 싶어 실제 돈의 가치와 비슷한 수준으로 정했다. 학생들이 한 달에 4만 원 정도의 용돈을 받는다고 가정해 4만 원 = 40 스타로 정하고, 1만 원 = 10스타로 계산했다.

모든 직업의 급여는 40스타로 같게 측정하되 지원자가 없는 경우에만 급여를 높여 지원자를 다시 받았다. 급여가 높아지면 지원하는 학생이 생겨났다. 반대로 지원자가 많은 경우에는 급여를 낮추지 않고 이력서를 통해 면접을 봐서 채용했다. 다른 학생들 앞에서 공개적으로 면접을 본 후 투표를 통해 채용하거나, 이름을 적지 않은 이력서를 붙여두고 스티커 투표로 채용하기도 했다. 실업자는 국가 세금을 써서 지원금으로 학생들에게 지급했지만, 그 지원금으로 세금을 내고 그 외에는 경제활동이 거의 불가능할 수준으로만 지급하여 도덕적 해이를 방지했다. 과도한 지원금을 주게 되면 직업 활동이 무너지기 때문이다.

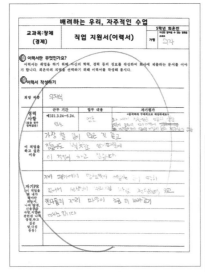

직업이력서(1)

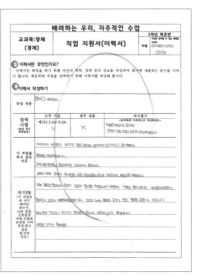

직업이력서(2)

경제교실 프로젝트 직업 안내문

활동안내

1. 모든 국민은 1가지 직업을 선택할 수 있고, 노동의 대가로 임금을 받습니다.

- 2주마다 정해진 임금을 받습니다.

- 소득의 일정 금액은 다양한 세금을 내야합니다.(납세의 의무) 세금은 에델바이스국의 복지와 국민의 행복을 위해 사용됩니다.

2. 직업계약기간이 끝난 후, 직업을 바꿀 수 있습니다.

3. 나라에 필요한 직업이 있다면, 직업제안서를 작성하여 새롭게 만들 수 있습니다.

4. 수행하는 일에 들여야 하는 시간과 노력을 고려해 임금이 정해집니다. 임금은 바뀔 수 있습니다.

에델바이스국 직업 목록 (계약 기간: 22.03.28. ~ 22.04.28.)

순	직업명	담당자	임금	하는 일	우대사항(우선선발)
0	대통령	김 건	40	수업/국민관리/안전지도/국정업무 전반	1년제 공무원
1	국무총리	백○○	40	국회 회의 주관/학생 이동 관리/유사시선생님 직무대행	공무원
2	임대사업자	소○○	35	보드게임 대여해주기, 물건 상태 확인	
3	신용평가사	소○○	25	학생 신용등급 정리	
4	통계청(1)	신○○	30	통신문,일기장,배움공책 수거(1~15까지) / 통계 내기	
5	통계청(2)	나○○	30	통신문,일기장,배움공책 수거(16~30까지) / 통계 내기	
6	우체부(1)	김○○	30	선생님 심부름, 안내문 나눠주기	

7	우체부(2)	김○○	30	선생님 심부름, 안내문 나눠주기	
8	은행원(1)	김○○	35	현금함 관리, 임금 지불, 현금 입·출금 관리	
9	은행원(2)	홍○○	35	현금함 관리, 임금 지불, 현금 입·출금 관리	
10	도매상인	안○○	35	학급 마트 운영 및 재고 관리 (물건/쿠폰)	
11	칠판 청소부	김○○	35	매시간 칠판 지우기 / 칠판틀 먼지 청소	
12	디자이너	장○○	30	학급 꾸미는 것(뒷판) 돕기	
13	선생님(1)	최○○	30	공부 어려운 친구 풀이방법 안내해주기	
14	선생님(2)	서○○	30	공부 어려운 친구 풀이방법 안내해주기	
15	국세청	박○○	30	세금 사용 기록하기 / 시간표 관리	
16	방역요원(1)	안○○	35	손소독제/온도계 관리 및 체온체크 (아침시간/점심시간)	
17	방역요원(2)	이○○	35	손소독제/온도계 관리 및 체온체크 (아침시간/점심시간)	
18	사회복지사(1)	이○○	35	지목한 학생을 기간동안 몰래 도와주기 (like 마니또)	
19	사회복지사(2)	김○○	35	지목한 학생을 기간동안 몰래 도와주기 (like 마니또)	
20	교실 청소부(1)	구○○	40	교실청소 및 쓰레기 비우기 (*청소에 따른 성과금 있음)	
21	교실 청소부(2)	이○○	40	교실청소 및 쓰레기 비우기 (*청소에 따른 성과금 있음)	
22	교실 청소부(3)	조○○	40	교실청소 및 쓰레기 비우기 (*청소에 따른 성과금 있음)	
23	교실 청소부(4)	이○○	40	교실청소 및 쓰레기 비우기 (*청소에 따른 성과금 있음)	
24	탐정	구○○	30	교실 내/외 분실물ط 물건들 단서를 찾아 주인에게 주기	
25	국회의원(1)-남	김○○	35	국회 회의 참여(법안 만들기)/학생 건의사항 관리	
26	국회의원(2)-남	임○○	35	국회 회의 참여(법안 만들기)/학생 건의사항 관리	
27	국회의원(3)-여	이○○	35	국회 회의 참여(법안 만들기)/학생 건의사항 관리	
28	국회의원(4)-여	최○○	35	국회 회의 참여(법안 만들기)/학생 건의사항 관리	

* 직업은 추가되거나 없어질 수 있습니다

	사회 복지사 ♡
점	친구에게 흥치지 않고 잘 도와준 것 같다
점	활동을 많이 못했다

아침, 점심 학교갈때, 아니또 처럼 몰래
도와주고 같이 동생활하는 직업, 친구
일주일동안 선생님이 주시는 종이에 칭찬할점과
안계될점을 쓰는 콜작업. 그친구의

나중에 열처 일동안 들키지 않고
도와줬다면 그 도와준 친구에게 감사편서를
받을 수 있도록 공개했으면 좋겠다

★ ★ ★ ★ ★ ☆

한 줄 평: 째미나들하는 즐거움과 뿌듯함을 동시에
~끼수 있다.

내가 맡았던 직업	쿠세청
잘했던 점	~
아쉬웠던 점	일을 안함!!

이 직업이 했던 일 (시간/하는 기간/역할 자세히)
우리반의 세흐를 관리했다
매일 참고 끝나고 세흐를
기록해서 쿠2분(획생 친구) 에
세 기족 장에 세흐트 기
간단한 일만 기능하면 쉽

이 직업에 대한 건의사항 ~~^^

내가 생각하는 이 직업의 난이도 ☆ ☆ ☆ ☆

한 줄 평: 일 못했는 대리

직업후기

급여, 봉급, 임금
노동에 대한 대가로 기간마다 얻는 돈.

노동
생활을 하면서 필요한 것을 얻기 위해 노력을 들이는 일.
급여를 받을 수 있는 조건을 제시하기 위해 위의 설명을 조금 바꿔 안내하면 좋다.

* '내가 당연히 해야 할 일'을 하고 돈을 받는 것이 아니라, '누군가는 해야하는 필요한 일'을 할 때 보상으로 급여를 받을 수 있다는 걸 학생에게 명확히 설명해주자.

소득과 지출
소중한 내 돈,
정승처럼 써볼까?

수입을 생각하고 나서
지출 계획을 세우라.

– 존 러스킨

나라를 세운 뒤, 학급의 약속으로 생긴 종이 화폐가 직업별 소득으로 제공되었다. 우리는 사회 교과서에 나오는 가계의 소득을 체험하고 있었다. 아이들은 처음 받는 월급에 매우 기뻐하며 주제 글쓰기에 소감을 남겼다. 자신의 정당한 노동으로 번 첫 소득이라니! 비록 학급 밖에서는 아무 의미도 없는 화폐였지만 이미 아이들에게 학급은 또 다른 사회가 되어있었다.

학생들은 생각보다 학급 화폐를 매우 소중하게 대했고 신기해했다. 하지만 경험적으로 알고 있었다. 이 신기함과 소중함은 마치 신형 휴대전화나 아이패드를 처음 택배로 받았을 때의 감정과 같다는 것을 말이다. 2주만 지나면 소파 위에 던져지거나 액정화면에 금이 가는 휴대전화처럼, 소중했던 학급화폐도 곧 바닥에 나뒹굴것이 분명했다. 우리 반 화폐가 그렇게 되지 않기 위해서는, 나름의 가치를 증명해야 했다. 화폐의 가치를 증명하기 위한 지출이 생기는 순간이다.

학급의 일 년 살이 동안 지출은 큰 지출과 작은 지출로 나뉘었다. 큰 지출은 자리 구매, 물건 경매, 사업 자금 등이었고, 작은 지출은 학급 내 상품/상품권 등의 재화 구매와 서비스 구매였다. 먼저 작은 지출을 만들어야 했다.

수학 표와 그래프 수업을 하면서, '개당 천 원 이내'라는 기준을 정한 뒤 학급 내 선호 간식/물건에 대해 설문조사를 하게 했다. 모둠별로 결과를 발표하며 공통적인 간식을 골랐다. 그 결과에 따라 '하리보'

와 '자유시간' 같은 간식, 기본적인 학용품 등을 구매했다. 학교 예산이 허락한다면 그 방법으로 구매하는 것도 좋지만, 나의 경우 학급 특색을 고려해 수시로 수요가 있었기 때문에 교사 사비로 구매했다. 작은 물건이었지만 자신의 노력으로 화폐를 얻고, 얻은 화폐가 쓰임새가 있다는 사실만으로 학급의 경제 시스템은 움직이기 시작했다.

도매상인에게 물건을 넘기고 일주일에 한 번 정도 학생들이 구입할 수 있도록 가격을 정했다. 예를 들어 한 달 월급이 40스타라면, 하리보의 가격은 5스타 정도였다. 세금을 제외하면 일주일에 한 번 또는 두 번 정도 간식을 사 먹을 수 있는 가격이다.

초기가격을 이렇게 물건별로 정해두고, 일주일의 재고 변화에 따라 도매상인이 조금씩 가격을 올리거나 내리게 했다. 일주일간 개당 5스타인 하리보 10개가 다 팔렸다면 다음 주는 10개를 7스타로 팔게 하는 것이다. 반대로 재고가 남았다면 가격을 조금 낮추게 하여 재고가 원활하게 소진되도록 했다. 당연히 도매상인은 바쁜 시간을 보내게 되었고, 회의를 통해 점심시간이나 방과 후에만 도매상점을 운영하기로 했다.

월급을 통해 학생들에게 배부된 화폐를 중앙은행에서 회수하기 위해선 학생들의 소비를 촉진해야 했다. 이제 상품권을 만들 차례다.

상품권은 서비스를 제공하는 도구다. 학생들에게 상처를 주거나 갈등이 생기지 않는 선에서 자유롭게 의견을 받아 원하는 상품권을 제작하게 했다. 먼저 회의로 반에서 판매하면 좋을 서비스를 말해보게 한다. 그중에서 학생들에게 상처를 주거나 갈등을 만들지 않는 것으로 교사가 선택하여 종류를 결정한다.

그런 뒤 모둠별로 공통된 상품권 양식지를 만들어 주고 각자 두세 개씩 그린 후 색칠하게 한다. 이는 화폐를 채택할 때처럼 일부 미술을 잘하는 학생이 선정되는 것이 아닌, 모든 학생의 미술작품을 상품권화하여 사용하기 위한 방식이었다. 이런 방식은 학생들의 성취감 향상에 큰 도움이 되었다.

우리 반에서 사용된 상품권을 몇 가지 소개하자면 아래와 같다.

DJ권

학생들은 점심시간에 유튜브로 음악을 듣고 싶어 했다. 상품권을 구매한 학생이 상품권을 사용하면, DJ 직업을 가진 학생이 신청곡을 확인한 후 점심시간에 원하는 음악을 제공하는 상품이었다. 노래는 유튜브 뮤직을 통해 선정적이거나 폭력적이지 않은 음악만 허용했다. 고학년 학생에게 가장 인기 있었고, 매번 재고가 떨어졌다. 사재기 현상도 일어날 정도였다.

급식우선권

급식 시간에 맨 앞에서 가장 먼저 급식을 받을 수 있는 상품권이었다. 번호순으로 급식을 받았기에 뒷번호 학생들이 많이 사게 되었고, 앞번호 학생들이 구매하여 나눠주기도 하였다.

뽑기권

도박 예방 교육을 위해 문구점 뽑기 기계를 구매했다. 뽑기권을 구매하면 뽑기를 한번 할 수 있는 기회가 주어졌는데, 확률적으로 구매하면 할수록 손해를 보도록 설계하여 도박과 뽑기 확률에 대한 위험성을 체험적으로 느끼게 했다.

직업선택우선권

직업을 선택할 때 경쟁이 치열한 직업을 고를 경우 우선권이 있는 학생에게 먼저 기회를 주는 상품권이었다. 직업 선택이 있는 월말에만 품절되는 현상이 생겼다.

배움공책 면제권/글쓰기 면제권

학생들은 교사가 강조하는 것을 면제해주는 상품을 좋아한다. 일기를 강조한다면 일기면제, 숙제를 강조한다면 숙제면제, 청소를 강조한다면 청소면제처럼 말이다. 우리 교실은 글쓰기를 강조했기에 학생들은 글쓰기 면제권을 만들고 싶어 했다. 학생들의 요구는 들어주되, 글쓰기는 교육적으로 꼭 필요한 부분이니만큼 제한을 걸어 1교시분 배움공책 면제/1회분 글쓰기 면제로 상품권을 만들었다. 초기가격을 높게 책정하여 자주 사기 어렵게 했다.

학용품 일일 사용권

교과서나 학용품을 집에 두고 오는 학생들이 종종 있었다. 매번 챙겨오라고 이야기하는 것이 교사에게도, 학생에게도 스트레스라는 생각에 상품권을 만들었다. 이 상품권을 사면 미리 준비된 교과서나 예비학용품을 하루 동안 자유롭게 사용할 수 있도록 했다. 자주 물건을 두고 오는 학생들은 상품권을 몇 번 이용하면서 자신의 재산이 줄어드는 것을 체험할 수 있었다. 이는 곧 스스로 물건을 꼼꼼하게 챙기는 합리적 사고로 이어졌다.

소개한 상품권 외에도 학급에서 강조하는 활동에 따라 다양한 상품권이 나올 수 있을 것이다. 학생들은 현명하다. 회의를 통해 함께 의견을 모아나가고, 교사가 중심을 잡아 피해를 주지 않는 상품권을 고른다면 매력적인 소비상품으로 활용될 수 있을 것이다.

일정시간이 흐르면, 개인사업도 허용했기에 소비처가 늘어나게 되었다. 이처럼 소비상품이 다양해지면서 학생들은 고정적인 월급을 올리거나, 다른 방식으로 재산을 늘리길 원했다. 소득의 다변화가 이뤄지는 시점이었다. 소득의 종류로는 기본소득, 학생의 사업소득, 직업소득, 금융상품에 대한 이자나 이윤, 기타 비정기소득 등이 있었다.

상품권 예시

기본소득은 교사가 원하는 학급의 운영 방식에 맞춘 생활 습관이나 활동을 달성할 때마다 일정 금액을 주는 방식이다. '학생 파산'을 방지하기 위한 소득이며 전체에 똑같이 지급되어야 한다.

사업소득은 개인 사업으로 얻는 소득이고, 직업소득은 직업 활동에 대한 소득을 주는 것이다. 비정기소득은 마음 신호등 소득과 논설문대회 등 학급 내 대회에서 포상금으로 지급하는 소득을 의미했다. 반에서 글쓰기 지도를 할 때 그냥 보기보다는 글쓰기 대회라는 이름으로 학급 화폐 상금을 지급하면 재미도 있고 학생들의 동기부여에도 도움이 된다. 마음 신호등 소득에 대해서는 뒤에서 더 자세히 다룰 예정이다.

 Tip 이렇게 설명해요!

소득
사업, 직업 활동, 투자 등 경제활동으로 얻은 대가.

지출
어떤 목적을 위해 돈을 쓰는 일.

* 경제활동을 구성할 때는 교사가 지키고자 하는 교육원칙 안에서 활동을 허용해야 한다. 무작정 허용해버리면 앞서 언급한 경제교실의 기본적 원칙인 '교육목적'이 사라지기 때문이다.

세금
교실 국가를 위해
필요한 돈

가장 바람직한 증세는
거위의 털을 뽑는 것과 같다.

– 장 바티스트 콜베르

경제교실에서 세금은 돈의 순환을 위한 핵심요소이다. 동시에, 학생들이 처음으로 직면하는 경제적 갈등상황의 시작이다.

학생들에게 돈은 익숙한 삶의 일부지만 세금은 그렇지 않기 때문이다. 세금을 왜 내야 하는지 머리로 이해하더라도, '세금'이라는 이름으로 자신의 돈이 사라지는 체험을 한 학생들은 눈 앞에서 벌어지는 상황을 쉽게 받아들이지 못한다. 그 과정에서 우리는 조세 저항을 비롯한 다양한 경제 현상을 마주하고 교육할 수 있다.

첫 직업 활동을 하고 월급을 받는 순간, 직업별로 주어지는 월급에 대한 희열과 동시에 학생들의 탄식이 이어진다.

"왜 내 돈이 이거밖에 안 남는 거지?"

매월 월급명세서를 적어 학생들에게 공지하고, 세금으로 빠지는 금액을 하나하나 같이 적어준 다음, '실수령액'을 학생들이 가져가도록 한다. 빠지는 금액 즉 세금은 교사의 재량에 따라 다양하게 설정할 수 있는데, 월급명세서에서 표시했던 세금은 다음과 같다.

의료비 (의료보험)

보건실 이용과 치료에 대한 세금이라고 설명해준다. 밴드를 붙이거나 약을 바르는 것, 보건실에서 쉬는 것 등등 평소 아무렇지 않게 누려왔던 것들이 당연한 것이 아님을 알게 하는 목적이 있었다.

전기세

의료비와 마찬가지 목적의 세금이다. 학급에서 사용하는 전기가 어떤 돈으로 운영되는지 학생들은 깊게 생각하지 않는다. 당연히 애초에 그냥 '존재'하는 것으로 여겨왔기 때문에 절전에 대한 필요성을 잘 느끼지 못한다. 하지만 세금을 도입함으로써 학생들은 교실 전기에 대해 다시 한번 생각해보게 되고, 전기 절약을 위해 노력하는 모습을 보인다.

소득세

소득세는 고정가격을 가져가는 방법과 고정비율로 걷어가는 방법이 있다. 전자는 계산이 편리하나 고소득 직업을 가진 학생이 돈을 더 모으게 되어 빈부격차의 원인이 되고, 후자는 계산에 복잡함이 있다. 이를 해결하기 위해 앞서 언급한 어플리케이션을 사용하거나 엑셀을 사용할 수 있다. 고정비율을 적용하면 소득에 따른 세금을 더 걷을 수 있게 되어 빈부격차 해소와 국가 잔고에 도움을 준다.

기본적으로는 소득의 10%를 소득세로 걷었다. 이를 위해 월급을 30스타, 40스타 등 소수점까지 가지 않는 숫자로 지급했다. 의료비와 전기세는 2스타 혹은 3스타 정도로 금액을 정해 세금을 걷었고, 에어컨을 켰는데 교실 문을 제대로 안 닫는 등 절약하지 않는 모습을 보일 때 전기세를 인상하는 식으로 진행했다.

처음 월급명세서에 위 세금의 이름과 금액을 기록해두고, 학생들이 불만을 토로할 때 납세의 의무와 각 세금의 의미를 설명해준다. 실제로 세금은 '학급 모두를 위한 일'에 사용했다. 학급의 보드마카가 다 떨어지거나 쓰레기봉투를 갈아야 하는 경우, 모두를 위해 영화를 볼 때 걷은 세금을 사용했다. 우리가 누리는 모든 것이 어딘가에서 지불된 비용이라는 것을 학생들에게 알려주고 싶었기 때문이다. 세금은 처음에 너무 낮게 매기지 않는 것이 좋다. 세금을 인상할 때 학생들의 조세저항이 거세지기 때문이다.

Tip 이렇게 설명해요!

세금
국가 전체를 위한 돈을 사용하기 위해 국민으로부터 거두는 돈.

* 경제교실에서 국가는 교실이기 때문에, 세금이 교실 구성원 전체를 위해 쓰여야 한다는 사실과 그렇기에 세금은 꼭 필요한 의무라는 사실을 안내하고자 학생들에게 위 방식대로 설명한다. 가정에서는 가족 구성원 전체를 위해 쓰이는 돈이라고 설명하면 편하다.

창업과 사업

나만의 회사를 만들어보자!

창업하는 최고의 이유는
세상을 더 나은 곳으로 만들기 위해
상품이나 서비스를 창조하여
의미를 만드는 것이다.

− 가이 가와사키

다양한 소비상품들로 소비시장이 활성화되면, 학생들은 자신만의 장사를 하고 싶어 한다. 그때가 창업 교육을 시작할 시간이다. 학생들의 동기유발을 위해 코로나 시대에 CEO로 변신한 미국 청소년들의 이야기나, 환경사업으로 지역에서 유명인사가 된 라이언 힉맨[4] 어린이의 사업사례를 보여준다. 이후 양식으로 만들어놓은 사업계획서를 학생들에게 안내하고, 양식에 맞춰 스스로 적으면서 생각해보게 한다.

창업계획서 예시

---

4. 라이언 힉맨(Ryan Hickman) : 7세의 나이에 자신의 이름으로 재활용 회사를 운영하며 재활용 캔과 병을 팔아 16,000파운드(한화 약 2,300만원)을 모은 인물. CNN 젊은 인재상 수상자.

사업계획서에는 기업 이름과 대표 사업자 이름, 어떤 사업을 하는지, 사업에 필요한 준비물은 무엇인지, 친구들에게 받을 학급 화폐의 금액은 어느 정도 인지 등을 적게 했다.

당연히 처음부터 모든 것을 잘 적을 수는 없다. 먼저 친구들의 관심사나 친구들에게 인기 있는 것을 조사하게 한 후, 내가 잘하는 것이나 좋아하는 것을 생각해보게 한다. 이후 친구들이 좋아하거나 관심이 있는 것과 내가 좋아하고 관심이 있는 것 사이의 사업을 생각하게 한후 필요한 준비물들을 적어본다. 이렇게 몇 가지 사업을 구상해보고, 그중에서 가장 실현성이 높은 사업을 사업계획서에 적도록 지도한다.

사업을 계획할 때는 두 가지 제한을 두었는데, 첫 번째는 사행성과 폭력성이 없어야 한다는 것이었다. 두 번째는 반 학생들의 건강, 재산, 안전을 해치는 사업이 아니어야 한다는 점이었다. 이 두 가지를 어긴 사업계획은 교사의 권한으로 승인하지 않았다.

모든 학생이 처음으로 창업 계획을 세우고 난 후, 하루를 '창업데이'로 정해 자신의 창업 아이템을 반 친구들에게 선보이는 시간을 가졌다. 창업데이를 진행하는 동안 보완점을 찾아 더 사업을 부풀릴 생각을 한 학생, 성공적으로 사업을 한 학생, 사업에 흥미를 잃은 학생 등 다양한 학생들의 모습이 나타난다. 창업데이가 끝난 뒤에는 사업 결과를 발표하는 시간을 가진다. 처음 사업을 시작해 본 느낌을 이야기하고 부족했던 점을 발표한다.

이렇게 창업데이와 발표가 끝나면 학생들은 사업을 하고 싶은 쪽과 하고 싶지 않은 쪽으로 나뉜다. 이상적인 모습이다. 모든 학생이 사업을 할 필요는 없기 때문이다. 우리 사회에서도 모두가 사업을 해야 하는 것은 아니듯이 말이다. 학급의 1/3 정도가 사업을 하는 것이 이상적이다.

사업을 하기로 마음을 정한 학생들은 교사 승인을 거쳐 자체적인 사업자등록증을 발급해준다. 사업자등록증에는 단체명, 대표자, 개업일, 사업의 종류, 사업 방법과 유의사항 등을 적었다. 이 모든 과정을 거쳐 사업자등록이 완료된 기업만 공식 기업으로 인정했다. 승인되지 않은 기업활동을 하면 학급 지하경제로 세금 수입이 부족해지고, 원활한 화폐의 순환이 되지 않았기에 발견하는 즉시 금지했다. 사업자등록증을 발급한 학생에게는 초기 업체 설립비용을 청구했다. 학생들은 학급 화폐로 요금을 납부했고, 매달 일정 비율을 세금으로 지불했다.

창업을 할 때 사용하는 아이템에도 사행성(운으로 돈을 버는 사업)/폭력성이 없어야 한다. 학생들의 건강/안전/재산에 피해를 주지 않아야 한다는 것도 조건이었다. 또, 현실 세계의 물건을 그대로 가져와 팔려는 경우는 허락해주지 않았다. 경제교실을 하면서 엄격하게 지켜야 하는 원칙인데, 현실의 돈이나 물건이 학급 화폐에 그대로 영향을 주어서는 안 된다. 현실 돈으로 학급 화폐를 사거나, 현실의 물건을 그대로 학급 화폐로 바꾼다면 이는 경제교육의 목적을 훼손하는 일이기 때문

사 업 자 등 록 증
(법인사업자)

등록번호 : 2021 - 10 - 22 - 003

법 인 명 (단체명) : **24마켓**
대   표   자 : **박OO**

개 업 연 월 일 : **2021년 10월 22일**
사 업 장 소 재 지 : **희온국(5-8교실)**

사 업 의   종 류 : **제조/판매/서비스업**

[사 업 의   방 법]
- 종이접기강의 및 제작 판매
- 중고거래
- 액세서리 제작(반지,팔찌) 및 판매

[사 업 유 의 사 항]
- 중고거래시 간식의 제공은 허용하지 않음.(스타로 거래)
- 동종업계간의 담합은 허용하지 않음.
- 사업등록시 등록비를 내야하며, 월 소득에 비례하여 세금을 내야
  함.
- 정해진 시간에만 운영해야함.

2021년 10월 22일
희 온 국 경 제 부

사업자등록증 예시

이다.

학생들에게도 이 부분을 지속해서 알려주고 만약 이런 일이 생긴
다면 그 즉시 경제교실이 끝난다는 점을 강하게 이야기했다. 현실의

물건을 가져올 때도 본인의 노동력으로 재가공을 하거나, 혹은 순수하게 자신의 노력으로 만든 물건 및 서비스의 경우에만 사업으로 허락해주었다. 제한된 범위 안에서 창의성을 발휘하도록 하는 것이 무엇보다 필요하다.

반에서 인기있던 몇 가지 사업 예시를 소개하자면 다음과 같다.

청소대행업체(서비스업)

깨끗한 교실을 지향하다 보니 학생들에게 자리 청소를 강조해왔다. 학기 초에 경제교육에 큰 관심이 없던 학생이 교실 청소부를 담당하게 되었는데, 교실이 점점 깨끗해지는 것이 느껴져 칭찬을 많이 했다. 알고 보니 3년 전부터 청소를 줄곧 담당해서 자신감이 있는 학생이었고, 주변 학생들이나 선생님의 칭찬을 듣고 그 특기를 살리고 있던 것이다. 자신감을 얻은 학생은 청소대행업체를 차리겠다고 했고, '클리너 클럽'이라는 이름으로 책상 청소나 자리 청소를 단품 혹은 패키지 상품으로 만들어 판매했다. 장사는 매우 성공적으로 진행되었고, 그 학생은 이후 경제교실을 비롯한 학급 활동에 매우 열정적으로 참여했다.

타로카드점(서비스업)

타로에 관심이 있는 학생이 있었다. 초등학교 고학년은 이성과 자신의 미래에 관심이 특히 많은 나이라 MBTI와 같은 심리테스트에 대해 늘 이야기하고 다니는데 학생의 타로 기술과 합쳐져 큰 시너지를 발휘하게 되었다. 점심시간마다 학생들의 타로점을 봐주었고 이벤트를 진행하거나 사은품을 함께 주는 등 다양한 발전 요소를 더해 학급에서 가장 장사가 잘되는 사업이 되었다. 타로카드점 사업을 연 학생은 최고 부자가 되어 학년을 마쳤다.

청소대행업체 예시

타로상점 예시

이외에도 비즈팔지를 만드는 제조업이나 여름철 선풍기 대여사업, 애니메이션 만화를 만드는 출판업 등 자신의 흥미에 맞는 다양한 사업들이 만들어졌다. 학급 학생들의 성향과 재능에 따라 더욱 다양하고 창의적인 사업 아이템을 볼 수 있을 것이다.

여러가지 문제상황과 갈등을 경험한 후, 사업은 개인사업으로 한정지어 운영하게 되었다. 앞서도 언급했지만, 교사는 문제 상황을 미연에 방지하는 방법을 선택할 수도 있고, 문제 상황이 만들어지는 것을 보며 학생들과 해결책을 찾는 것을 선택할 수도 있다. 갈등을 미리 방지하는 것도, 갈등을 경험하고 함께 해결하는 것도 교육적으로 충분히 의미가 있다.

상황에 따라 사업체는 직원을 고용할 수도 있었다. 사업이 없는 학생은 직원으로 일하면서 수입원이 생기니 좋고, 장사가 잘되는 기업은 추가 직원을 고용하여 수입을 극대화할 수 있어서 좋다. 이 부분에서 고용계약서를 쓰게 했는데, 간단하게 얼마 정도의 금액을 어느 시점에 지급한다는 내용과 어떤 일을 담당하는지에 관한 내용을 적게 했다. 금액을 지급하지 못하는 경우 회사를 파산시키고 초기 설립비용으로 직원에게 임금을 지급하게 했다.

사업체 간판이나 가격 메뉴판을 제작하는 것은 '미리캔버스'나 '캔바' 등의 프로그램을 활용했다. 개인 태블릿이 고학년부터 보급되고 있어 PPT 만들기나 카드 뉴스 만들기 수업을 하며 익숙해지게 한 후,

미술 시간을 활용하여 만들게 하면 두고두고 활용하기 좋았다. 중학년이나 태블릿이 없는 경우에는 예시작품을 보여주고 그림을 그리게 하면 된다. 문어발식 확장을 꿈꾸던 한 학급의 대기업 대표자 학생은 태블릿으로 명함도 만들어 다른 반 학생들에게 홍보하기도 했다.

학생들의 사업으로 교실 경제는 활성화되고 거래되는 화폐량이 증가한다. 잘되어가는 기업을 보며 학생들은 그 기업에 투자하고 싶어 한다. 이때가 금융상품이 등장할 시간이다.

Tip 이렇게 설명해요!

창업
새로운 '제품'이나 '서비스'를 시장에 내놓는 것.

사업
꾸준하게 그 일을 하는 것.

* 즉, 학급시장에 내놓을 '직접 가공한 제품'이나 '서비스'를 계획하는 창업을 하고, 그것을 지속해서 하도록 사업을 계획하는 것이 하나의 지도내용이 되는 것이다.

무역과 환율
다른 교실 국가와의
거래를 시작하며

국가 간의 교역은 우리가 한 재화를
다른 것으로 바꾸는 데 큰 도움이 되며,
국내 생산에만 의존하는 것보다 훨씬 효과적이다.

– 폴 새뮤얼슨

경제교실을 운영하며 함께 지도하면 좋은 수업에 관해 이야기하고자 한다. 먼저 무역이다. 무역은 교과서 내용으로도 충분하지만, 학생들이 직접 무역을 경험할 수 있다면 더욱 강렬한 기억으로 남는다.

무역은 물품의 수출과 수입으로 정의하며 국가 간 상품과 자본, 서비스를 거래하는 것을 말한다. 우리는 하나의 교실 국가를 담당하고 있으니, 다른 교실 국가와 자본, 서비스, 상품을 거래하는 것이 곧 무역이 된다. 무역은 경제교실을 함께 운영하는 학급들이 있거나, 경제금융교육연구회를 통해 상대를 구할 수 있다.

경제금융교육연구회[5]는 경제교육에 뜻이 있는 선생님들을 대상으로 경제교육자료를 공유하며 지속적으로 새로운 경제수업자료를 개발하는 곳이다. 매 학기 경제교육을 진행하는 교실들을 대상으로 무역을 하는데, 이 경우 물류 허브가 되는 학교에 택배를 보내는 절차가 생긴다. 편의를 위해서 같은 학년에 뜻있는 선생님과 함께 '무역'에 해당하는 단계를 진행할 수 있다. 중요한 것은 우리 반에 있는 물건이나 서비스를 다른 반에 제공하고, 다른 반에 있는 물건과 서비스를 들여오는 것이다.

기업단계에서 만들어진 상품과 서비스를 토대로 학급 간 거래를 진행해도 된다. 하지만 국가 간 거래라는 특징을 살려 대표상품과 서비스를 단순화하여 거래하는 것을 추천한다. 학생들은 다른 반 혹은

---

5. https://cafe.naver.com/financialeducation

다른 학교 학생들과의 거래에 큰 흥미와 열정을 보인다. 반의 단합력이 크면 클수록 더욱더 창조적이고 다양한 거래상품이 나온다. 학생들은 저마다 다른 장점과 특별함을 가지고 있다. 우리에게 없는 무언가를 얻고 저들에게 없는 무언가를 나누는 무역 활동은 학생들의 창조력을 자극하고 서로의 경제활동 동기부여에 큰 도움을 준다. 준비 과정에서도, 활동 이후에도 학생들과 나눌 이야깃거리와 교육내용이 많으므로 시도해보는 것을 추천한다.

이때 학급별로 화폐가 다르므로 거래에 어려움이 있을 수 있다. 그럴 때는 화폐를 통일해야 하므로 사전에 환율에 대한 교육을 함께 진행하면 좋다. 학생들은 이미 국가 간에 화폐가 다르다는 사실을 알고 있고, 화폐가 다르기에 거래에 어려움이 있다는 것도 느낀다. 이때 환율을 설명한다. '한 나라의 돈과 다른 나라의 돈 사이의 교환 비율'이라는 것을 알려준 후 똑같은 물건이 미국과 한국에서 각각 얼마씩 하는지를 확인하게 하면 된다.

예를 들어 햄버거가 미국에서 3달러, 우리나라에서 6천 원이라면 3달러=햄버거=6천 원이 되는 셈이니, 3달러=6천 원이고 1달러는 2천 원이라는 환율이 형성되는 것이다. 물론 딱 맞아 떨어지기는 어렵겠지만, 이렇게 하면 학생들에게 간단히 설명해주기 좋고 실제 학급 국가 간 무역을 할 때 유용하게 활용할 수 있다. 각 학급의 도매상인이 공통으로 파는 같은 물건을 하나 지정해 놓은 다음, 그 물건의 가격으로 학급 간 환율을 맞추는 것이다.

일련의 활동 과정을 마친 후에는 새로운 금융상품을 도입할 수 있다. 원 달러 환율이나 원 위안, 혹은 원 엔화 환율지수로 투자 활동을 하도록 만드는 것이다. 외환거래와 환차익도 체험할 수 있어 경제교실과 더불어 프로젝트식으로 진행하기에 적합한 활동이다.

Tip 이렇게 설명해요!

무역
한 나라의 기업이나 개인이 다른 나라의 기업이나 개인과 물건과 서비스를 거래하는 것.

수출
우리나라의 물건이나 서비스를 다른 나라에 파는 것.

수입
다른 나라의 물건이나 서비스를 우리나라에 사 오는 것.

환율
우리나라의 화폐와 다른 나라의 화폐를 교환하는 비율.

* 교실이 하나의 국가인 만큼, 국가 간 거래를 무역으로 이해할 수 있도록 설명을 변경했다.

주식

그래프에
교차하는 희비

투자는 IQ와 통찰력 혹은 기법의 문제가 아니라,
원칙과 태도의 문제다.

– 폴 새뮤얼슨

잘나가는 기업에 나도 투자해서 수익을 공유하고 싶다는 마음, 그리고 여유 자산으로 새로운 투자처를 찾겠다는 마음이 금융상품을 배우게 한다. 경제교실에 주식 수업을 할 차례가 온 것이다. 요즘 초등학생들은 주식이라는 용어를 익숙하게 들어 알고 있다. 다만 주식의 정확한 의미가 무엇인지는 모르고 막연히 돈을 벌 수 있는 수단이라고만 알고 있는 경우가 대부분이다. 모든 경제용어를 설명할 때 마찬가지지만, 특히나 주식 같은 경제용어를 설명할 때는 이 용어의 의미가 무엇이고 왜 생겼는지에 대한 이해가 필요하다.

나는 어릴 적부터 '대항해시대'라는 온라인게임을 좋아했다. 16세기 인도 항로와 아메리카 항로를 개척하며 시작되는 대항해시대를 역사적 배경으로 한 게임이다. 당시 한 번의 항해로 엄청난 수익을 올리는 대양무역은 인기 있는 투자처였다. 하지만 항해하는 것이 워낙 위험하다 보니 항해가 실패하거나 배가 침몰하면 투자 원금도 회수하기 어려웠다. 하나의 배에 엄청난 금액이 투입되고, 그 위험성을 혼자 감당하기 싫었던 부자들은 서로의 자본을 합치고 서로의 지분만큼 수익과 책임을 나눠 가지는 방식을 선택했다. 최초의 주식회사로 알려진 '동인도 회사'의 탄생이다.

"얘들아, 어떤 회사가 있다고 생각해보자. 영호가 100스타를 투자해서 사업을 하려는데, 10스타밖에 없어. 돈이 부족한 거지. 그래서 회사 사업에 대해 이래라저래라 할 수 있는 권리를 보장하는 내용이 약속된 종이를 만들어. 그 종이를 들고 나타나면 이래라저래라 할 수 있는 거지. 그리고 1스타 빌릴 때마다 그 종이를 한 장씩 주는 거야. 10 스타 빌려준 사람에게는 10장, 50스타 빌려준 사람에게는 50장 이런 식으로 말이지. 그리고 종이를 많이 가져온 사람의 의견을 가장 우선해서 들어주는 거야. 이걸 우리는 주식이라고 불러."

학생들에게 항상 이렇게 간단하고 이해하기 쉽게 줄거리를 이야기해주며 주식의 원리에 관해 설명했다. 이미 학급 내에서의 경제활동으로 합리적 사고가 가능하게 된 학생들은 쉽게 자신의 기업을 이야기에 이입시킨다.

나는 여기서 한발 더 나아가 현명한 투자에 대해 안내하고 싶었다. 그리고 투자실패의 쓴맛도 학생들이 체험하기를 원했다. 그래서 가상 모의투자 게임을 본격적인 주식 도입 전에 먼저 진행했다. 아예 가상의 기업을 만들고 주가에 영향을 주는 몇 개의 정보들을 설정한 후, 7 라운드 정도로 구분 지었다. 학생들에게는 매 라운드 정보를 참고하여 투자를 선택하도록 했다. 6학년을 담당할 때는 1학기 사회 교과서에 있는 경제사 부분을 활용하여 몇 개의 주식을 골라내고, 관련 뉴스를 교과서에서 찾아보며 시대의 흐름에 따른 주가의 변화를 체험하게 했다.

같은 양의 가상 학급 화폐를 나눠주고 2주 정도 시범적으로 주식 게임을 진행했다. 그리고 최고 수익률을 올린 학생에게 수익금 일부를 지급했다. 이런 식으로 모의투자게임을 해보면 학생들의 성향이 드러난다. 투자에 관심이 없는 학생, 어려워하는 학생, 누군가의 신념에 의존하는 학생, 다른 이에게 신념이 되어주는 학생, 꼼꼼하게 정보를 찾아가며 신중하게 투자하는 학생… 어떤 학생은 하나에 모두 걸었다가 가진 돈을 모두 날리거나 생각지도 못한 이익을 거두기도 한다.

주식은 급등이나 급락 등 다양한 경제 현상이 나오는 활동이기도 하다. 하지만 그 모든 상황을 미리 경험하게 하고 현명한 투자를 하게 하는 것이 이 활동의 목적이었다. 문제 상황을 방관하기 어려워 활동을 길게 가져가는 것은 추천하고 싶지 않다. 경제 현상을 경험하는 것 자체만으로도 경제교육에 큰 의미가 있다.

가상게임으로 주식 투자에 익숙해진 뒤에 학생들이 자신의 투자성향을 깨닫게 했다. 그 뒤에 주식시장을 만들어 학급 화폐로 투자할 수 있게 했다. 이 과정에서 교사가 만들 수 있는 상품은 크게 세 가지가 있었다.

☝️ 첫 번째, 학급기업을 주식화하기
✌️ 두 번째, 실제 주식으로 투자하기
🖐️ 세 번째, 가상지수를 만들어 투자하기

교육의 목적으로 가장 교사가 통제하기 쉬운 것은 세 번째 방식이었다. 첫 번째 방식은 기업의 실적 부풀리기와 수익 누락 등 현실의 문제가 그대로 드러나 어려운 점이 있었다. 두 번째 방식은 국내 기업의 주가, 혹은 해외 기업의 주가를 그날그날 알림장에 적어주는 것이었다. 기업에 해당하는 뉴스를 간단하게 정리해서 학생들이 이해하기 쉬운 언어로 매일매일 소개했다. 교사의 노동력이 너무 소모되는 방식이라 추천하고 싶지는 않다. 세 번째 방식이 교육적으로 가장 적합했는데, 교사가 지수를 만들어 학생들이 해당 지수의 등락에 투자하는 방식이었다.

지수를 만들 때 고려할 만한 요소는 두 가지였다.

첫 번째, 교사가 정보를 제공하고, 정보에 따라 움직이는 지수인가?
- 주어진 정보를 잘 해석해서 현명한 투자를 하는 것을 교육의 목표로 잡았기 때문이다.
두 번째, 교사가 지수를 마음대로 조절할 수 있고 등락 폭이 충분한가?
- 어느 정도의 변동 폭을 상황에 따라 조절하여 학생들에게 변화를 느끼게 하고 싶었다.

이 두 가지 원칙을 토대로 내가 개발한 지수는, **선생님 걸음지수와 취침지수**였다. 경제교실을 진행하는 선생님들 사이에서 음원 차트 지수를 만들거나 선생님 몸무게 지수를 활용하는 분들도 계셨지만, 나의 경우, 두 가지 고려 요소에 부합하지 않는다는 생각이 들었다. 음원 차트는 교사가 정보를 제공하거나 통제할 수 없었고, 몸무게는 나의 등락 폭이 충분하지 않아 교육의 역할을 수행하기 어려웠다.

당일 학교 일과 후 나의 일정에 대해 간단하게 학생들에게 안내하며 걸음지수와 취침지수에 영향을 줄 정보들, 예를 들면 '일과 후 산책 예정', '오늘 저녁 약속 있음', '차를 타고 어딘가로 이동할 예정' 등의 정보를 남겼다. 그리고 이를 토대로 지수의 등락을 조절했다. 걸음지수는 스마트폰에 기록되는 삼성 헬스 걸음 수와 취침 시간을 활용했다. 매일매일 자동으로 기록되었기에 수치만 입력했다.

학생들은 선생님을 잘 관찰하여 선생님이 스마트워치를 차지 않은 날에는 걸음지수가 평소보다 낮게 나올 것을 예측하기도 했고, 걸음지수를 의도적으로 높이기 위해 함께 산책하러 가자고 제안하기도 했다. 이처럼 유의미한 지수를 만들어 낸다면, 학생들의 합리적 사고를 자극하면서 의미 있는 교육을 유도할 수 있을 것이다. 이 외에도 더욱 다양한 지수가 만들어져 경제교육에 활용되었으면 한다.

이 활동을 진행하며 가장 의미 있던 순간이 있었다. 진로교육시간에 한 학생이 장래 희망으로 '펀드 매니저'를 발표한 순간이었다. 이전에는 자신의 진로에 대해 고민하고 경제를 어렵게 여기던 학생이었다. 주식 활동을 통해 경제를 즐겁게 접하기 시작하더니, 어느순간부터 경제학 도서를 많이 읽으며 꿈을 키워나간 것이었다. 학생이 자신의 흥미와 진로를 찾고 새로운 경험을 하게 해주는 것으로 이미 충분한 목적을 달성했다는 생각이 들었다. 이런 순간이 경제교육의 또 다른 재미 아닐까, 생각해본다.

한편 투자상품을 잘 사지 않는 학생들도 있다. 공격적인 투자성향을 가진 학생들이 등락폭이 큰 위험한 상품에 많이 투자하는 것처럼, 안정지향적인 학생들은 안전한 상품에만 투자하거나 상품 자체를 잘 사지 않는다. 이런 성향에 따른 차이는 학생들의 기질에 원인이 있기에 군이 투자를 유도할 필요는 없다고 생각한다. 다만 투자상품을 잘 이해하지 못했거나, 학생들이 생각하기에 매력적인 수익이 나지 않는다는 이유로 투자상품을 사지 않을 때는 투자의 경험을 위해 조치를 할 필요가 있다. 이런 경우에는 투자상품을 보다 단순화해서 학생들에게 안내하거나, 등락폭을 크게 하여 수익의 기쁨을 느끼게 해주는 식으로 해결하는 방식을 추천하고 싶다.

주식 활동이 길어지면 빈부격차가 커진다. 애초에 주식 투자에 관심이 없거나 소극적으로 투자하는 성향의 학생들도 존재하는 만큼, 너무 오랜 시간 동안 주식 활동을 하는 것을 추천하고 싶지는 않다. 하지만 엄연한 경제활동의 일부이고, 학생들에게 교육적 의미가 있는 활동이니 일정 기간은 꼭 진행해보기를 바란다.

Tip 이렇게 설명해요!

주식

회사에 대한 권리를 표시한 증서(증서라는 표현이 어렵다면 '종이'로 설명하자). 회사는 돈을 모으고, 주식을 사는 사람은 돈을 투자해 회사의 권리를 사는 것이다.

＊ 주식의 정확하고 정교한 개념은 아니지만, 학생들이 이해할 수 있는 수준으로 설명하는 것이 좋다. 자칫 홀짝 도박으로 이해되기 쉽기 때문이다.

부동산

교실에 생긴 나만의 자리

자신의 집에서 자신의 세계를 가지고 있는 사람보다
더 행복한 사람은 없다.

– 괴테

나는 부동산을 잘 아는 사람도, 잘하는 사람도 아니다. 부동산의 개념과 용어들을 접한 것도 성인이 되고 한참이나 시간이 흐른 뒤였다. 자본주의 사회에서 집은 내가 살 곳 이상의 의미가 있다. 그 의미를 나는 뒤늦게 깨달았다. 부동산의 개념을 학생들은 더욱 친숙하게 접하고 활용하길 원했다. 적어도 성인이 되었을 때 부동산에 대한 막연한 두려움을 겪지 않았으면 했다.

학생들은 부동산 분야를 어려워하지만, 익숙해지면 매우 즐거워한다. 자신의 자리를 자신이 선택할 수 있기 때문이다. 설령 원하지 않는 자리에 앉게 되더라도, 어디까지나 개인의 선택이기에 학생들은 전혀 불만이 없다. 운에 맡기지도 않고, 공정하면서 재미있고, 학생들이 모두 만족하는 자리 선택이 이뤄지는 것이다.

부동산은 학생 개개인별로 학급 화폐가 어느 정도 축적된 후에 접근하는 것이 좋다. 학기로 치면 1학기 말이나 2학기 초가 적합하겠다. 우리 반의 모든 책상은 국가_{학급}의 소유로 여기고 학생들에게 자릿세를 받는 상황이었다. 그런데 부동산이 도입되면, 이 땅을 학생들에게 학급 화폐로 팔 수 있으므로 학생들은 국가에 더는 자릿세를 내지 않아도 된다. 혹은 자리를 구매한 학생이 다른 학생에게 자리를 '**임대**'하고 자릿세를 받을 수 있다. 이 활동을 통해 '**임대**', '**매매**', '**청약**' 등의 용어를 접하게 하고 학생들에게 체험적으로 부동산 관련 개념을 익히게 하는 것이 목적이었다.

먼저 학생들에게 '내가 살고 싶은 곳'을 발표하게 한다. 마트가 가까운 집, 친구와 가까운 집, 지하철과 가까운 집, 게임기가 많은 집…. 다양한 의견이 나온다. 이를 공통으로 묶어 부동산 가치에 관한 이야기를 간단하게 한다. 쾌적하고 편한 곳, 수익이 많이 생길 수 있는 곳, 특별한 곳, 많은 사람이 살고 싶어 하는 곳이 가치 있는 곳이라는 것을 설명한다. 그렇다. '부동산 가치의 발생 요인'을 체험적으로 가르치는 것이다. 공인중개사 용어집에 나오는 유용성, 희소성, 유효수요를 말이다.

교실에도 똑같이 부동산 가치의 발생 요인을 적용할 수 있다. 살고 싶은 곳 발표를 토대로 우리 교실에서 가치 있는 자리를 정리해보라고 하면 된다. 창가 쪽 자리는 햇볕이 잘 들고 학생들이 수업을 듣다 '멍 때리기 좋아' 선호하는 자리다. 선생님을 좋아하는 학생들은 선생님과 가까운 자리를 선호하고, 시력이 안 좋은 친구들에게는 두 번째 줄까지가 선호자리다. 인기 있는 친구가 앉은 자리 주변은 수요가 많은 자리가 되고, 화장실을 바로 갈 수 있는 교실 문 앞뒤와 태블릿 PC를 보관하는 자리는 희소한 자리여서 인기가 있다. 이처럼 학급별로 학생들이 가치 있게 여기는 자리가 다를 수 있다. 자리를 정리한 뒤에는 각자의 자리에 가격을 매겼다. 자릿세로 걷던 세금의 4배 정도를 초기가격으로 결정했다. 2주마다 세금을 걷었으니, 두 달 정도가 지나면 구매가 이상의 이득을 얻는 셈이었다.

초기 자리 가격을 정한 후, 자리를 정했다. 자리를 정하는 방식은 크게 분양과 경매, 임대 등 세 가지 방식이 있는데 각각의 장단점이 있다. 처음에는 세 가지 다 경험을 하게 했지만, 이후에 자리를 정할 때는 세 방식의 장점을 섞어 자리를 결정했다.

분양은 추첨을 통해 구매 기회를 주는 것이다. 용돈 기입장을 '청약통장'으로 이름 지은 후 매일 1스타씩을 은행원을 통해 입금하고 은행원에게 도장을 찍게 했다. 이렇게 해서 40스타 이상이 모였을 때 청약통장을 제출하게 했다. 우리 반은 세로로 6줄의 자리가 있었는데,

1번 줄 1번 자리가 1층인 1-1자리, 4번 자리를 4층으로 1-4자리인 것으로 아래 그림과 같이 정했다.

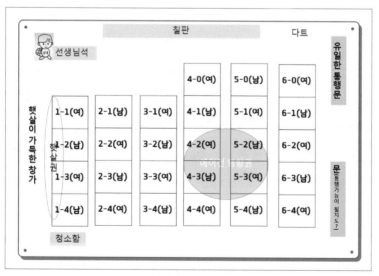

부동산 자리배치도

130

그 후에는 줄별로 청약통장을 제출하는 일정을 일주일마다 만들었다. 총 4주에 걸쳐 자신이 원하는 자리가 있는 줄이 일정에 있을 때 통장을 제출하게 했고, 추첨 형태로 통장을 뽑아 자리를 결정했다. 이 방식은 추첨제 분양방식을 체험하게 하는 효과가 있었지만, 최종 자리 결정에 한 달이라는 긴 기간이 소요되었다.

경매는 각 자리를 초기가격부터 경매로 구매하게 하는 것이다. 초기가격이 예를 들어 200스타로 정해졌다면, 그 가격부터 교사가 경매사가 되어 낙찰을 희망하는 학생들이 생길 때마다 가격을 1스타 혹은 5스타 혹은 10스타처럼 일정한 단위로 올리며 마지막 한 명이 손을 들고 있을 때까지 경매를 진행하는 방식이다.

초기가격을 설정한 것은 1스타부터 시작하면 너무 싼 가격에 자리를 가져가는 일이 생기기 때문이다. 학생들은 경매에 매우 즐겁게 참여하였고 다른 경제교육 파트에서도 경매를 많이 활용했다. 하지만 초기가격이 200스타였기에 이 정도의 돈이 없는 학생은 애초에 경매에 참여할 수 없는 단점이 있었다.

임대는 자리를 정하지 못한 학생에게 기존대로 교사가 자리를 지정해주고 자릿세를 받는 방식이었다. 혹은 경매나 분양으로 자리를 두 개 이상 가지고 있는 다른 학생에게 계약을 통해 자리를 임대받고 자릿세를 내게하는 방법도 있었다. 이 방식은 계약서를 정확하게 쓰도록 지도한 후에 했고, 너무 많은 임대료를 내게 하지 않도록 정부의 적절한 개입이 필요했다. 당연하게도, 비싼 가격으로 자리를 산 학생은 다른 학생에게 자리를 임대 놓을 때 그 본전을 회수하고 싶어 비싼 임대료를 부르는 경우가 있었다. 이런 문제가 발생했을 때는 국무회의를 통해 임대료의 상한선을 만드는 방식을 선택했다. 그리고 이 방식으로 해결되지 않을 때는 부동산 단계를 종료했다. 사전에 학생의 부동산 구매가를 적어두고, 한 달 정도의 시간이 지나 경제 수업의 목적을 달성하면 구매가를 돌려주었다. 학생들은 그동안 임대료를 받아왔기에 불만이 없었고, 덕분에 갈등의 소지를 없앨 수 있었다.

부동산 파트를 진행할 때, 경매의 방식이 주로 사용되었다. 학생들이 경매방식을 가장 선호하기도 하고, 세 가지 방법 중에 가장 공정하기 때문이기도 하다. 우리는 이를 '자리 경매'라 불렀다. 학급에는 자리 경매에 도전할만한 충분한 금액이 있는 학생도 있지만, 그렇지 못한 학생도 있었다. 경매에 흥미가 없는 경우도 물론 있었고, 돈이 많은데도 경매를 원하지 않는 경우도 있었다. 한편, 자리 경매를 진행하면 교사의 에너지 소모가 상당한 데다 친한 학생끼리 앉아 수업 시간이 소란스러워지는 부작용도 있었다. 이를 해결하기 위해 자리 경매를 중심으로 앞서 소개한 두 가지 방식을 모두 섞어 사용했다.

사진처럼 자리에 이름을 붙인 후, 이름 붙은 자리는 경매로 진행하고 이름이 붙지 않은 자리는 분양이나 임대로 진행하는 방식이다. 세

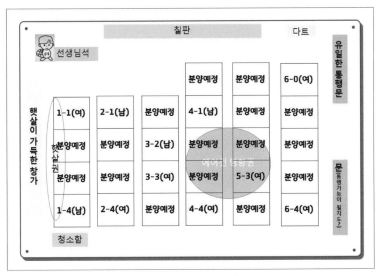

부동산 자리배치도(경매+분양)

가지 방식 모두를 쓰게 된 것이다. 경매는 그 자체로도 매우 재미있는 활동이었기에 학급 경매사를 따로 두어 교사의 에너지를 보존하고 학생에게 직업활동의 기회를 주기도 하였다. 이렇게 자리를 판매하면 학생들은 자신의 선택으로 자리를 고를 수도 있고, 또 인접한 자리에 친한 친구끼리만 앉아 소란스러워지는 것을 방지할 수 있었기에 교사도 만족스러웠다. 경매에 참여할 금액이 없거나 경매를 원하지 않는 학생들에게도 분양이나 임대 자리를 선택할 기회가 생겼기에 모두에게 좋은 방식이었다.

이 활동은 직접 해보면 교사 스스로도 매우 재미있고 학생들에게도 즐거운 경험이 된다. 자리 경매에 사용하기 위해 경매 방식을 미리 교육해두는 것을 추천한다. 경매 교육에 대해서는 다음 장에서 더 자세히 안내하겠다.

Tip **이렇게 설명해요!**

부동산

움직이지 못하는 재산. 땅. 토지.

임대

돈을 받고 물건을 빌려주는 것. 여기서는 '부동산(자리)'이라는 것을 빌려주는 것.

매매

사고판다는 뜻.

분양

'부동산(자리)'을 나누어 파는 것.

청약

'부동산(자리)'을 '분양'받기 위해 신청하는 것.

* 부동산은 학생들에게 아주 생소한 분야이기에 많은 용어를 알려주고 싶을 수 있지만, 이 정도 선에서 이해시키는 것이 좋다. 학생들은 '외워야'할 용어가 많을수록 어려워하고, 그 공부를 피하고 싶어한다는 것을 기억하자.

경매
감정가 100스타부터
시작합니다!

사람은 자신의 손에 있는 것은
정당한 값으로 평가하지 않지만,
일단 그것을 잃어버리면
가치를 부여하게 된다.

– 셰익스피어

경매는 일상이 되었다. 학생들에게 한번 방식을 알려주면 두고두고 다양한 활동에서 사용할 수 있어 활용가치가 높았고, 교육적인 효과도 있어 일정 시기가 되면 반드시 진행했다.

먼저 경매 사전교육이 필요하다. 학생들이 직관적으로 이해할 수 있도록 무한도전 등 예능프로그램에 나온 경매 영상을 보여줬다. 그리고 간단한 경매용어를 자료와 함께 설명했다. 낙찰, 유찰, 경매, 호가 정도의 단어와 뜻을 소개했다. 경매번호판패들을 구매하고 싶었지만 구하기가 어려웠다. 대안으로 손잡이 화이트보드에 스티커로 번호를 붙여 각 번호 학생들에게 하나씩 나눠주었다. 처음엔 교사가 경매사 역할을 하고, 활동에 익숙해지면 경매를 할 때마다 경매사를 뽑거나 국무총리가 경매사의 역할을 담당했다.

처음 교사가 경매를 진행할 때는 바둑돌을 사용했다. 모든 학생에게 5개의 바둑돌을 나눠준 뒤 자리 경매를 한 것이다. 입찰을 희망하는 학생은 번호판을 들어 참여 의사를 나타낸다. 그 후 희망하는 학생들끼리 나와서 뒤돌아선 상태로 투자할 바둑돌 숫자를 왼손에 표시해서 들어주면 된다. 겹치지 않는 최고 가격을 제시한 학생에게 주고, 그 학생의 바둑돌은 투자한 숫자만큼 회수한다. 바둑돌이 남아있는 한 계속 참여할 수 있다. 이런 식으로 가볍게 연습 삼아 자리 경매 활동을 진행하고, 다음 자리 경매에서는 실제 학급 화폐를 가지고 똑같은 방식으로 진행했다. 상향식 경매[6]를 체험하게 하는 것이다. 다른 방식의

---

6. 값을 점점 크게 불러나가는 방식의 경매형태

경매도 진행할 수 있지만, 경매 시스템을 체험하게 하는 것이 목적이기에 복잡하게 다른 방식을 적용하지 않았다.

처음엔 상황을 지켜보던 학생들도, 바둑돌을 통한 모의 경매를 해본 다음부터는 적극적으로 참여한다. 이렇게 경매가 익숙해지면 자리 경매, 자선 경매, 분실물 경매로 확장하여 수시로 진행할 수 있다.

자리 경매는 앞서 언급한 부동산과 연관 지어 자리를 사는 경매시장이다. 처음 자리 경매에서 전체 학생 수의 절반만큼을 자리 경매로 학생들에게 나눠주었다. 그 후 나머지 자리 중 일부 혹은 이미 구매한 자리를 '어떤 사정'으로 반납하게 된 경우 자리 경매를 열어 새로운 주인에게 주었다. 어떤 사정이란 수업 시간에 타인에게 방해가 되는 장난을 치거나, 시력 문제로 수업에 집중할 수 없는 경우 등을 의미한다.

자선 경매는 학년 말 또는 학기 말 서로의 물건을 나누고 수익금을 기부하는 형태의 경매시장이다. 학년 말에 학부모님께 사전 안내를 충분히 한 뒤, '나에게는 쓸모없지만, 타인에게는 유용할 수 있는 물건'을 가져오도록 했다. 두 가지 조건을 설정했는데, 첫째는 신체적, 정신적으로 자신이나 타인에게 피해를 줄 수 있는 위험한 물건을 금지했다. 두 번째 조건은 고장 나지 않고 작동하는 물건이었다. '나에게는 필요가 없지만, 누군가는 쓸 수 있는 물건'을 필요한 사람에게 전달해 재활용하자는 것이 목적이었기 때문이다. 이 과정에서 교사가 개별적으로 물건을 확인했다.

물건이 기준을 통과한 뒤에는 교사가 중앙은행으로써 물건을 구매하여 학생들에게 물건 구매금을 지급했다. 물건 구매의 기준은 교육 의도에 맞게 중고를 조금 더 높은 가격으로 취급했고, 청결도와 실용성, 희귀도를 기준으로 각자 기준에 맞게 가격을 매겨 학생들에게 금액을 주었다. 금액 상한선은 3만원으로 제한했고, 부모님의 허락을 받는다면 가격 제한을 넘어도 상관없이 했다.

이렇게 하면 학생들이 물건을 신중하게 골라온다. 교육 의도에 맞는 물건을 가져와야 높은 가격을 받아 경매 자본금으로 쓸 수 있었기에 실용적인 물건을 가져왔다. 정확한 조건과 틀 속에서 자유도를 주면 학생들은 상당한 창의력을 발휘하는데, 특히 자선경매에 나온 다양한 물건을 통해 아이들의 자질을 확인할 수 있었다. 카놀라유, 머니 건, 청와대 어린이 시계, 자신이 직접 만든 미술작품, 칼림바, 게임사 티셔츠, 포켓몬 카드 등등 다양한 물건이 모였고 경매를 통해 필요한 학생에게 돌아갔다.

정성스러운 편지와 함께 경매 물품을 가져온 학생들이 있어 연말 분위기를 내기 좋은 활동이었다. 혹시 물건을 가져오지 못하거나 경매로 어떤 물건도 가져가지 못하는 학생들을 위해 인당 물건을 5개까지 가져올 수 있도록 했다. 많이 가져오면 가져온 숫자만큼 기준에 따라 가격을 매겨 주었기 때문에 가져온 학생에게도 유리했고, 미처 가져올 물건을 준비하지 못하는 학생에게도 부담을 덜어줄 수 있었다. 취지를 지키기 위해 적어도 하나 이상의 물건은 모든 학생이 가지고 집으로 돌아갈 수 있도록 했다.

　　분실물 경매는 점심시간에 국무총리의 주도로 이뤄졌는데, 학급 분실물 함에서 일주일 이상 찾아가지 않은 분실물들을 대상으로 새로운 주인을 찾아주는 경매시장이었다. 만약 주인이 나타나 구매 의사를 밝히면 일정 금액을 지급하고 주인에게 주도록 했다. 일주일 내로 찾아가는 경우엔 분실물 함에서 그냥 가져가게 했다.

Tip 이렇게 설명해요!

경매
물건을 사려는 사람이 여러 명일 때 가장 높은 가격을 부르는 사람에게 파는 방식.

낙찰
경매를 통해 물건을 선택받았음을 알리는 것.

호가
어떤 물건을 사거나 팔기 위해 부르는 가격.

유찰
낙찰 결정이 되지 않고 무효가 되는 것.

* 처음 용어설명을 했을 때는 학생들이 이해하지 못할 수 있다. 한번 참여해보면 그다음부터는 금방 이해하므로 용어설명을 간략히 하고 경매 활동을 진행한 후 다시금 설명해주는 것이 좋다.

대출과 신용

우리에게 가장 중요한 것은 신뢰

신용이 없는 사람과는 그가 비록 예수님 나라에서
발행한 채권을 내놓아도 거래하지 않았다.

− J.P. 모건

1년 단위 경제교실에서 학생들의 경제적 상황은 세 가지다. 부유하거나, 그저 그렇거나, 가난하거나. 동등한 선에서 출발했음에도 1년 동안 학생들의 성향과 판단에 따라 상황이 달라진다. 학기초에 도입되는 대출과 신용은 학생들의 성향을 파악하고 경제적 판단의 기로를 경험하게 하는 좋은 경제교육방식이다.

4월, 직업과 더불어 대출과 신용을 도입했다. 대출은 은행에서 은행원이 관리하고, 신용은 신용평가사 직업의 학생이 관리했다. 학생들에게 대출이 필요한 상황은 두 가지였다.

✊첫 번째, 원하는 것을 얻기에 돈이 부족한 상황
✊두 번째, 학생이 돈을 더 필요로 하는 상황

돈이 부족한 경우는 부동산 파트에서 쉽게 확인된다. 학생들은 자신이 원하는 자리를 사고 싶어 하지만, 시간이 흐르면서 서로의 재산 상황을 어느 정도 파악하면 자신의 금액으로 원하는 부동산을 사기 어렵다고 판단한다. 그러면서 대출을 이용하게 된다.

이런 현상은 부동산을 도입하기 전에도 드물지만 나타난다. 세금을 낼 여력이 없거나 간식을 사고 싶어도 돈이 없어 사지 못하는 경우, 다음 달 소득을 대출에 갚고 이번 달에 편익을 누리는 방식으로 대출을 이용한다. 말 그대로 하루살이인 셈이다.

사업을 시작할 때 초기 자본금을 마련하겠다는 이유로도 대출을 많이 이용한다. 동업을 하면 서로의 금액을 모아 초기 자본금을 마련하면 되지만, 혼자 사업을 꾸리면 자신의 자본금이 부족한 경우가 생긴다. 이런 경우에 대출을 활용한다.

가장 특이한 사례는 주식에 대한 확신이 강했던 경우였다. 투자상품에 대한 승률이 높았던 학생이었는데, 더 큰 이득을 벌 수 있으리라는 확신으로 대출을 일으켜 주식에 모든 것을 걸었다. 결과적으로 큰 손실을 봤지만, 학생의 경제 성향을 파악할 수 있는 계기가 되었다.

이처럼 대출은 학생들에게 큰 도움이 되지만, 그릇된 경제관념을 가지게 할 수 있다는 점에서 교사의 섬세한 접근이 필요하다.

우리 교실에서는 학생이 스스로 갚을 능력을 기를 수 있도록, 대출금이 연체될 때는 모든 투자 활동을 제한했다. 대출금은 직업소득보다 많은 금액부터 시작하되, 직업소득 두 배 이내의 금액만 허용했다. 대출금이 너무 크면 학생들에게 다가올 리스크가 커졌고, 너무 적은 금액은 학생들의 투자에 도움이 되지 못했다.

대출금을 제때 갚지 못하는 경우 신용등급을 낮추고, 대출을 했지만 기한 안에 잘 갚는 경우 등급을 높이기도 했다. 신용등급은 이자율과 관련이 있기에 경제교실에서 매우 중요한 지표였다.

신용등급은 1~7등급으로 정하고 초기 7등급에서 모든 학생을 시작하게 하였다. 일정 점수를 채우면 등급을 올려주도록 했고, 등급별로 약 2% 정도의 은행이자율 차이가 나도록 했다. 대출이자까지 손대면 빈부격차가 너무 커졌기에 예금이자율만 차이를 뒀는데, 그럼에도 학생들에게 미치는 파급력은 엄청났다.

2020년 이후 신용등급제가 점수제로 바뀌었지만, 교실에서는 일정 점수에 도달하면 등급으로 바꾸는 것이 더 직관적으로 이해하기 편했다. 물론 사실상 큰 차이는 없었지만 말이다.

신용등급에 영향을 주는 것은 말 그대로 신용을 잘 지키는지였다. 가정통신문을 약속한 기한 안에 가져오는지, 숙제나 글쓰기공책을 정한 기간에 냈는지, 맡은 역할을 했는지와 같은 '신용'에 대한 부분을 수치화했다. 기한 안에 냈으면 +1 못 냈으면 -1 뒤늦게라도 냈다면 0 으로 말이다. 이 과정에서 일정 점수를 넘기면 등급을 올렸다. 등급은 7등급으로 모두 똑같이 시작했고, 처음에는 올라가는 경험만 하도록 하여 학생들이 성취감을 느끼게끔 설계했다.

초기에는 신용등급을 표로 만들어 모든 학생이 볼 수 있도록 공개했지만, 낮은 등급에 있는 학생들이 상대적 박탈감을 느끼게 되는 경우가 드물게 있었다. 그래서 확인을 원하는 학생만 개별적으로 신용평가사를 통해 확인할 수 있도록 했다. 기한과 약속에 대한 학생들의 책임감을 기르고 성실한 학생들에게 추가적인 성취감을 느낄 수 있게 해주어 유용한 활동이었다.

경제교실을 진행하면서 1~2등급 학생이 많아지면 이율을 낮춰 낮은 등급 학생과의 빈부격차를 조절하도록 하자.

초등학교 저학년 시기부터 다른 학생들에게 일상처럼 돈을 빌려 주거나 빌리는 학생들이 있다. 정해진 기간이 지나도 값지 않거나, 소중한 친구의 물건을 빌려서 오랜 기간 돌려주지 않는 학생도 있다. 이런 행동이 반복되어 누군가에게 돈이나 물건을 빌리는 행동이 대수롭지 않아지게 되면 학생 개인에게도 큰 문제가 될 수 있을뿐더러 학급 내에서도 갈등의 씨앗이 된다. 청소년을 대상으로 SNS를 통해 아이돌 상품이나 게임 아이템을 살 돈을 빌려주고 불법적인 이자를 받는 일도 학생들 사이에서 충분히 있을 수 있는 일이다. 더 나아가 학생이 성장하여 성인이 되었을 때 잘못된 대출과 허술한 신용관리로 곤욕을 치를수도 있다. 신용과 대출은 이런 경제적 위기를 미리 경험하게 해주고, 위험을 예방하게 해주는 의미있는 교육활동이기에 활동을 진행하며 교사의 충분한 설명과 활동 이후의 내용 정리가 꼭 필요하다.

Tip 이렇게 설명해요!

대출
돈을 빌려주는 일.

신용
사람에 대한 믿음.

* 일부러 사전적 의미만 제시했다. 학급에서 한 약속을 잘 지킬수록 신용이 올라간다는 것을 지도하고 싶었기 때문이다.

복지와 보험

소외된 사람들까지
생각하는 사회

복지 정책의 성공 여부는 얼마나 많은 사람이
그 수혜자로 추가되는가가 아니라
얼마나 많은 사람들이 그 수혜자 지위를 벗어나는가에 따라
평가되어야 한다.

– 로널드 레이건

학생들과 경제교육 사전 준비로 헌법교육을 할 때, 우리 반 헌법을 만들며 꼭 집어넣는 문장이 있다. 헌법 34조 2항에 나오는 '국가는 사회보장, 사회복지의 증진에 노력할 의무를 진다.'라는 내용이다. 교실이 하나의 국가가 되었으니, 국민인 학생들의 사회복지 증진에 힘써야 한다는 뜻이다.

국가의 대통령은 교사지만, 정부 부처는 국무총리인 학급회장을 비롯하여 교실 구성원들의 몫이다. 사업과 금융소득, 인플레이션 현상으로 학급 내 빈부격차가 생기면 복지의 중요성이 커진다. 이제 복지를 이야기할 차례다.

교실 경제교육에서 빈부격차는 필연적 현상이다. 직업단계에서 실업자가 발생하고 소득의 격차가 커지는 데다, 학생들의 태생적 소비패턴도 저마다 다르기 때문이다. 학생들은 빈부격차를 몸소 체험하며 경제적 문제 현상에 대해 해결책을 모색한다.

코로나19로 원격수업이 이뤄지던 때에는 등교하는 일이 드물었다. 직업 활동이 이뤄지지 않으면 화폐가 유통되지 않고 사업을 하는 학생들도 경제활동이 어려워지기에 세금을 낼 수 없어 파산하게 될 수 있었다. 한 학생이 지원금제도를 제안했고, 긴급 생계지원금으로 학급화폐를 지급하는 안건을 국무회의로 논의했다. 5명 만장일치로 통과. 한 달 치 월급을 세금으로 선지급하고 이후에 더 필요할 경우 추가 논의하자는 의견으로 채택되었다. 빈부격차가 심해지고 실업자가 늘어나 파산이 임박한 학생이 나타나던 1학기 말에는 학생들이 기초적인 연금을 제안했고 국무회의를 통해 채택되었다.

이처럼 복지는 학급 구성원의 동의가 있어야 한다. 교육의 목적을 달성했다면 파산 위기의 학생을 구제하는 방안이 당연히 필요하지만, 그 과정에서 과도한 복지 정책을 펴 학생들의 노동 의욕을 꺾는 경우 또 다른 도덕적 문제를 일으킬 수 있기 때문이다. 문제 상황을 위해 일부러 복지금 지원 등의 방안을 사용하더라도 그 기간을 짧게 가져가고 회의를 통해 적절한 금액을 협의해야 한다.

복지의 필요성과 문제 상황에 대한 일련의 교육이 마무리된 후, 학생들에게 보험을 설명한다. 어떠한 문제 상황을 마주하게 되었을 때 보험으로 위험을 최소화할 수 있다는 것을 학생들에게 알리고, 사회보험과 개인보험을 소개한 후 사회보험은 의무가입, 개인보험은 선택 가입하도록 한다.

사회보험은 실업자가 되었거나 소지금이 0 이하로 떨어질 때 지속적인 소액 지원금을 제공하는 보험이었다. 세금에 포함하여 일정 금액을 학생들에게 걷어 기금을 만들었다. 보험금이 많으면 새로운 직업을 구하거나 경제활동을 하지 않으려 하므로 세금을 내고 약간 남을 정도의 금액으로 학생들과 정리했다.

개인보험은 학생이 만들게 해도 되고, 교사가 상품으로 만들어 은행원을 통해 팔아도 된다. 보험을 설계할 때는 학생들이 좋아하거나 하고 싶어 하는 것을 보장하는 형태, 혹은 재산상의 권리를 누리지 못할 때에 대해 손실을 보전하는 형태로 만들어야 했다. 학생들이 제안한 보험 중에, 이 원칙에 부합하는 두 가지 보험상품을 소개하고자 한다. 체육 보험과 상품권 보험이다.

체육 시간은 학생들이 늘 기다리는 시간이다. 학생들은 교실 체육도 좋아하지만, 기왕이면 어떤 활동을 하더라도 야외 체육이나 강당 체육을 좋아한다. 하지만 당시 근무하던 학교는 과밀학급으로 모든 체육 시간을 강당이나 체육관으로만 사용하기 어려웠다. 미세먼지 농도가 높거나 비나 눈이오는 예외상황이 생기면 교실 체육을 하게 되는 경우가 종종 있었다. 그럴 때마다 학생들은 실망감이 컸다.

어떻게 하면 실망감을 덜어줄 수 있을까 고민하던차에 한 학생이 체육 보험을 제안했다. 정해진 체육 시간에 정상적인 체육활동을 진행하지 못하면 체육 보험 가입자에게 보험금을 지급하는 방식이었다. 제안대로 보험이 만들어졌고 최소 가입 기간 일주일, 납입금을 정하여 은행원 혹은 보험설계사라는 직업을 새로 만들어 학생들에게 판매하도록 했다.

상품권 보험은 앞서 언급한 학급 상품권들을 사용하지 못하는 경우 상품권 금액의 일정 부분을 보상해주는 보험이었다. 학급 내 혼란을 방지하기 위해 도매상인이 파는 모든 물건을 한번 구매하면 환불하지 못하도록 정했었다. 평소에는 문제가 없었지만, 상품권에서 문제가 발생했다. 교사가 '이것만큼은 꼭 글을 쓰고 주제와 관련하여 대화를 나눠야 한다'고 생각했던 상황에서 학생들이 배움공책 면제권, 주제 글쓰기 면제권을 쓰고 싶어 하는 경우였다.

나는 교사로서 꼭 글을 쓰고 표현하게 해야 하는 의무가 있다. 배움공책을 쓰고 다 같이 이야기를 나눠야만 진행할 수 있는 과목과 내용이 있는데, 학생 중 한두 명이 면제권을 써서 빠지는 상황이 불편했다. 이 감정을 국무회의 시간에 학생들에게 솔직하게 이야기하고 해결책을 찾아보라고 했다.

그때 나온 것이 상품권 보험이었다. 선생님이 '이번 시간은 모두 꼭 쓰세요!'라고 이야기하면 미리 면제권을 사용했음에도 글을 쓰게 되는 경우가 생기는데, 이런 경우 보험을 통해 상품권 손실을 만회할 수 있었다. 면제권 상품권은 많은 학생이 쓰는 상품권이었기에 매력적인 보험상품이었지만, 그전에 학생들이 이 보험을 도입하는 선생님의 취지를 이해해주어 보험을 사용하는 일이 드물어졌고, 결국 사라지게 되었다. 하지만 이 보험은 학생들이 보험의 개념을 완벽하게 이해하도록 도와주기에는 충분했다.

복지와 보험은 학생들의 기본적인 생활을 보장하는 유용한 도구다. 하지만 우리 사회가 그러하듯, 과도한 복지와 보험은 도덕적 해이를 가져온다. 일을 하지 않아도 충분한 복지가 보장된다면, 학생들은 경제활동을 멈추게 될 것이고 교실에서 경제활동이 멈춘다면 그것은 곧 경제교실의 붕괴를 의미한다. 학생들의 의욕이 한번 꺾인다면 다시 경제교실로 이끌어오는 것이 매우 힘들다. 우리는 사회와 유사한 교실에 현실경제와 유사한 경제시스템을 들고 경제교실을 운영하지만, 교실은 사회와 다르다는 사실을 잊어서는 안된다. 복지와 보험제도에 대해서는 매우 조심스럽게 적용하며 교육하도록 하자.

Tip 이렇게 설명해요!

보험
갑자기 생기는 위험이나 사고에 대해 손해를 보상해주는 것.

기부

대가 없이
다른 사람을 돕는 활동

돈은 매력적이지만
그 누구도 한꺼번에
두 켤레의 신발을 신을 수는 없다.

– 찰스 F.피니

우리에게 주어진 재물이 온전하게 우리의 노력만으로 얻어진 것일까? 물론 그렇다고 생각할 수 있다. 게으르기에 가난하고, 내가 부단히 노력했기에 부를 얻은 것으로 생각할 수 있다. 그것이 틀렸다고 말하고 싶지는 않다. 하지만 우리에게 주어진 것이 나 스스로의 노력만으로 얻을 수 있는 것이 아님을 우리는 기억해야 한다. 개인의 성향과 노력이 부를 만들어 준 것은 사실이겠지만, 그 성향이 발휘되는 환경과 노력할 수 있는 여건은 자신의 노력만으로 만들어진 것이 아니기 때문이다.

나는 학생들이 자만하지 않기를 바랐다. 공부를 잘하더라도 그것이 순전히 혼자만의 노력이 아니라 주변의 감사한 환경도 있었기 때문임을, 돈을 많이 벌더라도 그것이 누군가의 협력과 행운과 수많은 계기가 합쳐져서 만들어진 것임을 가르치고 싶었다. 주어진 것에 감사하고, 모두의 노력으로 만들어진 돈을 사회에 다시 기부할 줄 아는 마음도 가지길 원했다. 학생들이 금융 지식에 대한 무지로 가난한 삶을 살지 않기를 바라는 한편, 부유해지더라도 진정한 부가 무엇인지에 대해 스스로 생각해보게 하고 싶었다.

미국의 기부왕 찰스 F.피니는 무일푼 청년 사업가에서 세계 22위의 부자가 되었다. 그는 자신이 일궈놓은 9조원이 넘는 돈을 아낌없이 기부했다. 나눔으로 행복을 찾은 찰스 F.피니는 빌 게이츠와 워런 버핏의 롤모델로 남게 되었다. "돈은 매력적이지만 그 누구도 한꺼번에 두 켤레의 신발을 신을 수는 없다."는 그의 말처럼, 학생들이 돈과 물질에 빠지지 않고 나눔의 미덕을 실천하기를 바랐다. 그것이 경제교육의 본질이고 최종 목적이라고 믿었다. 이제 엔딩을 향해 갈 차례다.

1년 동안 경제교실을 하며 모은 세금과 자선경매를 통해 얻은 수익을 합쳐 기부처를 정해 기부한다. 기부금은 학급 화폐로 모이기 때문에 실제 기부를 위해서 현실 화폐로 환전하는 과정을 거쳐야 한다. 두 가지 방법을 선택할 수 있는데, 어떤 방법을 선택하든지 비용 지출은 교사의 사비로 했다. 모금함을 만들고 학생들로부터 기부받아 진행할 수도 있지만, 불필요한 민원의 소지와 오해를 예방하고 싶었기 때문이다.

첫 번째 방법은 학급 화폐의 가치를 미리 정해두고 계산하는 방법이다. 1스타는 현실 돈으로 500원 정도의 가치를 가진다고 학기 초에 이야기하고 기부금을 계산하는 방식이다. 이 방법은 학급의 재산 현황과 세금이 모이는 정도를 예측하지 못한다면 교사에게 큰 지출로 다가올 수 있었다. 당연하겠지만, 자연스러운 경제의 흐름을 예측하기는 정말 어려운 일이었다.

그래서 결국 두 번째 방법으로 옮겨가게 되었는데, 교사의 재량에 맞게 정하는 방법이다. 나는 이 방법을 주로 사용했는데, 모인 학급 화폐 세금에 곱하기 10 또는 20을 하여 교사의 사정에 맞게 기부금을 정했다. 예를 들어 1000스타가 모였다면 곱하기 50원을 하겠다고 학생들에게 안내한 후 5만 원으로 계산하여 기부하는 식이었다. 교사의 주머니 사정을 고려하여 기부금을 조정할 수 있어 추천하고 싶다.

기부처는 직접 기부가 제일 좋지만, 즉석에서 학생들과 확인할 수 있고 편리한 온라인 기부를 추천한다. '네이버 해피빈' 혹은 '카카오 같이가치'와 같은 기부처 사이트를 정한 후, 관심 분야별로 모둠을 구성하여 분야별 기부처를 하나씩 선정하고 발표하도록 한다. 발표내용 중 학생들의 마음에 가장 와닿은 기부처를 투표로 선정하여 기부처 사이트를 통해 기부하면 된다. 학생들의 학급 화폐를 현금화 할 때 학생들에게 돈을 받지는 않았고, 원하는 학생은 따로 기부하도록 했다. 교사의 사비를 사용하는 만큼 현금화하는 방식은 교사의 재량에 달렸다.

꼭 돈만 기부해야 하는 것은 아니다. 학생들은 다양한 재능을 가지고 있고, 가진 재능을 다른 사람 앞에 내보이는 것을 좋아한다. 매 학기 말에는 늘 재능기부를 진행했는데, 학생들의 호응이 좋았다. 평소 자신이 생각하던 친구의 색다른 모습에 새로운 교우관계로 이어지거나, 뜻밖의 칭찬으로 자존감이 향상되기도 하고, 가진 것을 나누며 행복을 경험하기도 한다.

재능기부는 자기성찰에서 시작한다. 자신이 잘하거나 관심 있는 것을 세 가지 정도 생각하라고 이야기한 후, 그중에서 친구들과 나누고 싶은 것을 우선순위로 적어보라고 한다. 우선순위에 따라 준비해야 할 물건, 알려줄 내용 등을 간단하게 정리해보게 한 후 교사의 확인을 거쳐 재능기부를 준비한다.

'미리캔버스'나 '캔바' 같은 프로그램을 활용하거나 미술 시간 그림을 통하여 간판과 재능기부 설명을 간단하게 만든 후 '재능기부데이'를 정해 학생들에게 또래 재능기부 강사와 학생이 되도록 한다. 모든 책상을 마주 보도록 한 다음 바깥쪽 책상에 앉은 사람은 재능기부 강사, 안쪽에 앉으면 학생이 되어 5분 정도의 시간을 주고 재능기부를 한 후, 5분이 지나면 강사와 학생 모두 각자 오른쪽 책상으로 이동하면 된다.

이렇게 하면 28명이 서로를 모두 1:1로 가르치게 되는데, 이틀에 나눠서 하면 첫날 수업 후 부족한 점을 보완하여 수업을 진행할 수 있어 좋았다. 재능기부 후 가장 유익했던 수업과 기억에 남는 학생을 한 명씩 뽑도록 한 후 칭찬과 학급 화폐로 보상하면 된다. 학생들은 학급 화폐를 받는 것보다 친구들에게 무언가를 배운다는 것, 그리고 직접 뭔가를 가르친다는 것에 더 흥미를 느꼈다. 이 활동을 통해 재능기부가 익숙해지면 온라인 영상 제작을 통해 경제교실을 운영하는 다른 학교에 재능기부를 하거나 직접 기부처를 방문하여 기부할 수 있다.

학년 말에 남은 화폐를 반드시 기부로 정리하지 않아도 된다. 교실에 남는 물건들을 경매하거나, 추억사진관이라는 이름을 붙여 학급에서 함께 찍은 사진을 폴라로이드로 인쇄해 학급 화폐를 받고 넘겨주는 방법, 남는 화폐를 가져오면 기념품을 주는 방법 등으로 처리할 수 있다.

이 활동을 진행할 때 한가지 당부하고 싶은 것이 있다. 학생들에게 기부와 봉사를 강요해서는 안 된다는 것이다. 물론 기부와 봉사는 유익한 일이며, 교육자로서 새로운 즐거움과 미덕을 학생들에게 알리고 소개하는 것도 필요하다. 하지만 기부와 봉사는 학생들이 나눔의 즐거움을 깨닫게 하는 데에 목적이 있다. 교사는 학생 간에 기부와 봉사를 강요하는 분위기가 형성되는 것을 경계하고, 기부하지 않는 사람을 비난하는 마음을 가져서는 안 된다는 것을 지도해야 한다. 사람은 저마다 환경과 처한 상황이 다르기 때문이다. 때로는 선의로 한 행동이 더 큰 악영향을 줄 수 있음을 생각하며 지도해야 한다. 기부와 봉사가 즐거워지려면, 교사의 역할이 그 어느 때보다 중요하다.

기부 학생 제작 만화

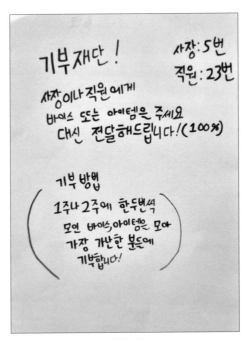

자발적 기부

Tip 이렇게 설명해요!

기부

아무 대가 없이 다른 사람을 위해 물건이나 돈, 자신의 재능을 내놓는 것.

* 보통 알려진 기부와 다르게 재능을 추가해 설명하는 것은, 학생들이 자신의 돈이나 물건을 기부하는 것만이 다른 사람을 돕는 것이라고 여기기 쉽기 때문이다. 자신의 시간을 할애해 돕거나 재능을 나누는 것 또한 기부의 한 종류가 될 수 있다는 것을 생각하고 다양한 기부를 권장하기 위해 설명을 추가했다.

4
PART

경제교실
히스토리

교실 속 시장경쟁,
담합과 독점

독점은 시장의 경쟁력과 다양성을 파괴하며,
소비자와 기업에 부정적인 영향을 미친다.

– 조지 W. 부시

경제교실 초창기의 일이다. 학생들은 각자 개성이 있고 독창적이지만 서로 비슷한 면도 많다. 비슷한 환경에서 비슷한 교육을 받아왔기 때문이다. 그래서인지 좋아하는 것도, 하고 싶은 것도 닮아있는 모습을 자주 본다.

창업 신청서를 학생들로부터 받아 확인하는데, 판매상품으로 비즈공예를 세 팀이나 신청했던 적이 있다. 서비스의 세부적 차이는 있었지만, 판매방식도 별반 다르지 않았다. 비슷한 업종의 경쟁업체가 한정된 교실이라는 공간에서 세 곳 생긴 셈이다. 하지만 나는 완전한 자유 시장경제를 꿈꾸고 있었고, 학생들이 제안한 비즈공예는 창업 단계에서 기준으로 지정했던 폭력성, 사행성과는 전혀 관련이 없는 상품이었기에 별다른 고민 없이 승인해주었다. 비즈공예 시장경쟁은 이렇게 생겨났다.

A 기업은 남녀 5명이 공동창업으로 만든 기업이었는데, 활발하고 호객행위를 잘하는 학생들이 모여있어 비즈공예 사업에서 경쟁우위를 차지하고 있었다. 이 기업은 애초에 비즈공예만을 제안했던 기업이 아니었기에 곧장 다른 사업으로 방향을 전환하며 동시에 비즈공예 사업을 축소했다.

B 기업은 여학생 세 명이 운영했다. 학생들에게 맞춤형 비즈 반지 제작 및 찾아가는 서비스를 제공하여 학생들의 상품구매 만족도가 높았다.

C 기업은 두 명의 여학생이 만들었다. 제작 실력이 가장 좋았고, 사은품을 적극적으로 제공했기에 알고 방문한 학생들은 큰 만족을 보였으나 홍보가 잘 이뤄지지 않아 재고가 쌓이고 있었다.

창업을 시작하기 전 모든 학생의 사업 아이템을 안내하는 시간을 가졌는데. 세 기업의 학생들은 자신들의 창업아이디어가 거의 비슷하다는 걸 알자 당황했다. 창업 첫날에는 세 기업 모두 그럭저럭 장사가 잘되었다. 조금 더 많은 고객을 데려가기 위해 세 기업은 경쟁적으로 비즈 팔찌와 반지 가격을 내렸고, 소비자 학생들은 신나서 여러 개의 비즈 용품을 주문했다. 물건이 많이 팔렸음에도 경쟁적인 가격 인하로 재료비와 비교하여 큰 손실을 본 세 기업은 따로 만나 가격을 통일하기로 합의했다. 담합이 이뤄지는 순간이었다. 갈등이나 다툼이 커지면 정부가 나서서 해결하려 했지만, 학생들이 담합을 어떻게 해결하는지 궁금했기에 일단 지켜보기로 했다.

그리고 다음 날이 되었다. 소비시장은 교실이라는 한정된 공간이었고 비즈공예는 지속 가능한 서비스와 판매의 대상이 될 수는 없는 상품이었다. 학생들의 관심은 금방 식었고, 아메리칸 드림처럼 초등학교 드림을 상상하며 비즈공예에 필요한 재료를 잔뜩 준비했던 세 기업은 난처한 상황에 놓이게 되었다. 결국, 며칠 지나지 않아 비즈공예를 찾는 학생들이 거의 없어졌다. 이때 A 기업의 대표 학생이 다른 두 기업을 찾아가 제안을 했다. "우리 기업에 재료 넘기면 재료에 해당하는 값을 줄게."라고 이야기한 것이다.

B 기업과 C 기업은 기업을 정리하려던 차에 좋은 제안이 들어온 셈이니, 뒤돌아볼 것도 없이 재료를 A 기업에 모두 처분하고 사업을 정리했다. 일주일 만에 A 기업은 비즈공예 사업을 독점으로 하는 기업이 되었다. 교실 창업대회가 끝난 후, 계획대로 다른 국가들과 무역을 시작했다. 비즈공예를 선호하는 새로운 시장이 생겨났고, 비즈공예 사업을 정리했던 회사들은 다시 사업을 시작하고 싶어 했다. 하지만 이미 비즈 시장은 A 기업의 독점이었고, 새로운 재료를 준비하기엔 재료비가 너무 들었다. A 기업은 독점사업으로 큰 이익을 보았고, A 기업의 학생들은 더욱 굳건한 단결력을 보여주며 다른 분야로 사업을 확장해나가게 되었다.

이 사례를 계기로 학생들과 나는 학급 내 담합과 독점을 방지하기 위해 몇 가지 대안을 만들었다.

   첫 번째, 창업 아이템을 미리 확인하고 학급 내에서 같은 사업이 되도록 겹치지 않게 정리하기.

   두 번째, 첫 번째 원칙에도 불구하고, 직업 선택의 자유를 존중하여 같은 사업을 하고 싶은 사람이 나타나면 허용하되 가격을 다르게 하기.

   세 번째, 사업에 쓰인 재료는 사업이 망하더라도 처분할 수 없고 각자 주인이 가져가기.

똑같은 아이템의 기업이 세 곳이나 나온 경우는 이례적이었기에 생긴 규칙이다. 위 조항을 적용한 후에는 특별히 문제가 생기지 않았다. 같은 아이템을 사용하는 기업이 두 개가 있었던 적은 있지만, 한쪽이 경쟁에 밀려 포기하거나 독창적인 요소로 차별화하는 전략을 세우게 되었다. 학생들이 비로소 공존하는 길을 선택하게 된 것이다.

교사는 담합과 독점을 방지하기 위해 위 조항을 미리 만들고 시작할 수 있다. 학생들과 문제 상황을 함께 체험한 후 다 같이 생각하며 조항을 만들 수도 있다. 우리 반의 사례는 어디까지나 참고용으로 확인하면 좋겠다.

직업 선택과
성과급제도

내가 하고자 하는 일은 돈을 버는 것이 아니라
내가 좋아하는 일을 하는 것이다.

– 데이비드 카퍼필드

학기 초 1인 1역을 정할 때면 학생들의 눈빛이 반짝인다. 자신이 하고 싶은 일을 하기 위해서다. 하지만 시간이 흐르면서, 처음의 열정과는 달리 학생들의 책임감이 점점 약해지는 것을 확인할 수 있다. 의무감과 귀찮음은 1인 1역에 협조하지 않는 마음으로 변한다. 끝까지 열심히 하는 학생이 있는가 하면, 참여하지 않고 도망가거나 대충하는 학생들이 나타나기 시작한다. 사실 직업 활동을 시작하게 된 계기도 경제교실을 운영하면서 벌어지는 이런 현상을 보완하고자 한 것이었다. 하지만 직업 활동에서도 마찬가지 문제가 생겨났다.

학기초에 교실 인원수에 맞게 직업의 개수를 정해주었다. 모든 학생이 소득을 가지고 경제활동을 시작하도록 만들고 싶었기 때문이다. 하지만 학생들과의 상의 없이 직업을 교사가 만들어 학생들에게 안내해야 하다 보니, 교실에 그다지 필요하지 않은 직업이 생기거나 한 직업을 여러 명 뽑아서 일을 나누는 방식으로 많은 직업을 만들어야 하는 등 부작용이 생겼다. 이 과정에서 결국 자신이 원하지 않는 직업을 맡아야 하는 학생도 생겼다.

어쨌든 '노동에 대한 수익을 받는다'라는 요소가 있었기에 원하지 않는 직업을 하게 된 학생들도 활동에 참여했다. 학생들에게 인기가 없는 직업은 수요와 공급 법칙에 따라 월급이 올라가므로 오히려 이를 노리고 지원하는 학생이 있었다. 교실에서 인기 없는 직업은 힘들거나, 학교생활시간 이외에 시간을 따로 투자해야 하는 직업이다. 이 두 가지를 동시에 포함하고 있어 항상 인기 없던 직업은 바로 청소와 관련된 직업이었다. 지원자가 없을수록 급여는 올라가니 그것을 염두에 두고 청소부를 택하는 학생도 있었던 것이다.

하지만 정작 문제는 다른 데에 있었다. 주어진 일을 대충 수행하는 학생을 어떻게 지도할 것인지에 대해서는 해결하지 못한 것이다. 28명 모두에게 초기 직업을 주려다 보니, 원하지 않는 직업을 가지게 된 학생은 일을 대충 하게 되었다. 이에 대해 고민하던 중 한 학생이 법안 제안서를 가져왔다. 이 학생은 두 달 연속 원하던 직업을 얻지 못했다. 방역 요원을 제외하면 하고 싶은 직업이 없었기에 계속 방역 요원에 도전했다. 하지만 같은 반에 베테랑처럼 일을 잘해온 학생이 있었고 그 학생의 경력이 쌓이면서 경력 우대로 더욱 공고하게 자신의 직업을 지켜나가는 중이었다. 그래서 방역 요원이 되고 싶은 학생은 '직업 연속 금지 법률'을 제안했다. 첫 달에 선택한 직업을 다음 달까지 이어서 하지 못하게 하는 법률이었다. 5명의 동의도 받아왔다. 방역 요원이 아니고서는 자신이 흥미 있게 할 직업활동이 없다는 이유에서였다. 결과적으로는 부결되었다. 직업 선택의 자유를 중요시했고, 원하는 직업이 없다면 직업을 만드는 것도 가능했기에 학생들은 법안을 통과시키지 않았다. 하지만 여전히 직업 활동을 건성으로 하는 학생과 열심히 하는 학생에 대한 고민은 남았다.

"그렇다면 열심히 하는 학생에게 돈을 더 주는 건 어떨까요?"

다른 학생이 제안해왔다. 그렇게 경제교실 역사상 처음이자 마지막으로 성과급제도를 시행하게 되었다. 최대한 객관적으로 하기 위해 모든 학생이 한 달간 한 모든 직업에 대해 1~5점으로 직업에 대한 점수를 매겼다. 그리고 직업별로 평균을 매겨 4점 이상에게 추가금, 3점은 기존 급여 그대로, 2점 아래는 -20% 삭감된 금액을 지급하기로 했다. 결과는 상당했다. 모든 학생은 유례없이 최선을 다해 자신의 직업 활동을 했고, 그것을 넘어 서로에게 자신의 노력을 광고하기 시작했다.

그러나 거기까지였다. 책임감을 위해 시작했던 이 활동은, 현실 세계의 성과급 문제처럼 학생 간 갈등과 상호비난의 씨앗이 된 것이다. 학생들은 서로를 견제하며 내가 더 노력했고 상대방은 별로 노력하지 않았다는 식으로 점수를 매기거나, 친한 친구에게만 높은 점수를 주기도 했다. 첫 주에 이 활동을 해본 후, 학생들과 성과급제도에 관한 이야기를 나누었다. 학생들도 이 제도에 문제가 있다는 사실을 알고 있었다. 학급 내 직업 활동은 성과를 측정하기 애매한 것들이 많았다. 성과에 대한 집착으로 교실의 분위기도 어두워졌다. 현실 세계에 존재하는 성과급제도에 대한 소개 이외에는 교육의 역할을 하기 어려웠다. 교실 내 갈등을 초래하는 활동이라는 생각이 들어 그 이후 다시는 성과급을 도입하지 않았다.

하지만 일련의 과정을 통해 직업 활동을 제대로 하지 않는 것은 그 직업에 흥미를 느끼지 못하기 때문이라는 것을 깨닫게 되었다. 만약 역할을 제대로 수행하지 않는 학생에 대한 제보가 들어오면 투표를 통해 원하는 학생이 그 직업을 이어받아서 할 수 있도록 했고, 대충하는 학생은 실업자가 되어 실업급여를 받으며 자신이 원하는 직업을 스스로 만들어서 할 수 있도록 정리했다. 이렇게 하면 직업 선택의 자유를 보장할 수 있었고, 대충하는 학생의 근본 원인을 활용한 방법이 될 수 있어 효과가 좋았다. 직업 선택과 활동에 성과급은 도입하지 않는 것을 추천한다.

위험한 확률게임,
도박

도박은 나쁜 습관이다.
이길 확률보다는 질 확률이 높기 때문이다.

– 크리스티 매튜슨

창업 활동을 진행했던 학년마다 꼭 들었던 이야기가 있다. 사업 아이템으로 도박을 해도 되느냐는 질문이었다. 학생들에게 도박은 단순히 재미있고, 쉽게 돈을 벌 수 있는 수단으로 여겨지는 것 같았다. 경제교육에 있어 부정적인 경제 현상에 대한 교육도 필요하다고 여겨졌기에, 도박과 사기에 대해 교육하기로 했다.

도박 교육은 두 가지 방법으로 진행했다. 첫 번째는 도박에 관한 이야기가 나오기 전에 도박과 관련된 간단한 게임으로 도박의 위험성을 알리는 방식이었고, 두 번째는 학생 창업에 도박장을 제안하는 학생이 있을 때 도박장을 개설하게 한 뒤 결과에 대해 논의하며 지도하는 방식이었다.

학생들은 해마다 도박장을 열고 싶다는 제안서를 써오곤 했다. 어느 날 문득 어떤 학생이 다가와 다른 하고 싶은 창업 아이템이 떠오르지 않는다기에 교육의 기회로 삼고자 도박장 개설을 허용했던 해가 있었다. 학급에서 힘이 가장 셌던 그 학생은 팔씨름도박장을 만들었다. 이긴 사람에게 돈을 걸어서 맞추면 건 돈을 나눠주고 진사람 쪽의 돈을 가져오는 방식으로 도박장을 운영했다. 처음에는 본인이 직접 팔씨름 플레이어로 나왔다. 학생들은 당연히 힘이 센 도박장 주인에게 돈을 주로 걸었고, 결과가 예측된 승부에 큰 흥미를 느끼지 않았다. 그래서 학생의 첫 도박장 운영은 손해로 끝났다.

다음날 학생은 두 명의 실력이 비슷한 학생을 섭외하여 둘의 대결에 대한 승부를 도박 거리로 만들었다. 도박장은 매우 붐비고 인기 있는 사업체가 되었지만, 도박장 주인은 별로 이익을 얻지 못했다. 도박장 입장료가 없었기 때문이다. 다음날 도박장을 만든 학생은 도박장 입장료를 받기 시작했고, 마침내 큰 이익을 얻을 수 있었다. 여기까지 진행한 상태에서 학생들과 도박에 관한 이야기를 나누었다. 학생들은 도박이 나쁘다는 것, 그리고 재미있다는 것만 알고 있었다. 도박장 주인을 제외하고 큰 이익을 거둔 학생은 아무도 없었다.

이후 두 가지 활동을 진행했다. 도박을 교육하는 방법은 간단하다. 학생들에게 열 개의 바둑돌을 나눠준 후, 만나는 사람마다 가위바위보를 하게 한다. 한 번의 가위바위보를 할 때마다 양쪽에서 바둑돌 하나씩을 교사에게 제출하게 하고, 진 사람은 이긴 사람에게 바둑돌을 하나 넘긴다. 바둑돌이 다 떨어진 학생은 자리에 앉는다. 시간이 흐르며 자리에 앉는 학생이 늘어나고, 일부 학생은 큰 이득을 얻지만, 대다수 학생은 가위바위보에 참여할 수 없게 된다. 여기서 중요한 것은, 결국 가장 많은 바둑돌을 가지고 있는 사람이 교사라는 것이다. 가장 이득을 많이 본 학생도 교사만큼의 바둑돌은 가지고 있지 않다. 앞서 예시로 이야기한 팔씨름도박장의 사례처럼, 이득을 보는 것은 도박장뿐이라는 것을 학생들에게 교육하려고 했다. 도박에 참여한 모두가 결국 손해를 본다는 것을 알려주는 셈이다.

우리 교실에는 뽑기 기계가 있었다. 6개의 뽑기 알이 들어갔는데, 뽑기를 하기 위해 학급 화폐 3스타를 지급해야 했다. 학생들에게는

3개의 뽑기 알에 1스타, 나머지 3개의 뽑기 알에서는 세 배인 9스타를 뽑을 수 있다고 공지했다. 학생들은 뽑기의 즐거움과 일확천금에 대한 기대로 뽑기를 시도했다. 결과적으로 이익을 거둔 학생은 없었다. 확률 조작을 해뒀기 때문이다. 사실 5개의 뽑기 알이 1스타고, 단 하나의 뽑기 알만 9스타였다. 평균적으로 학생들은 뽑기를 많이 할수록 더욱 손해를 보게 되었고, 순간 9스타 뽑기를 뽑아 행복을 누린 학생도 결과적으로 손실을 보게 되었다.

위 두 가지 활동을 진행한 후 학생들에게 도박장의 확률 조작과 수익에 관해 이야기하면, 학생들은 도박의 위험성을 보다 현실적으로 느끼게 된다. 두 활동이 끝난 후, 교실에서 다시는 도박 이야기가 나오지 않았다.

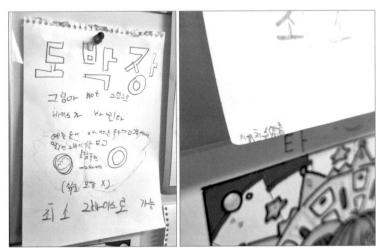

도박 수업을 진행할 시간

공공재와
공유지의 비극

공공재를 지속 가능한 방식으로 이용하기 위해서는
더 많은 협력이 필요하다.

– 레이첼 카슨

학생들의 돈으로 만들어진 물건이나 서비스가 아니면서, 모든 학생이 쉽게 이용할 수 있는 것. 이런 물건이나 서비스를 경제용어로 공공재라고 한다. 교실로 대입해 생각해보면 떠오르는 물건이 있지 않은가?

우리 교실에는 보드게임을 많이 갖춰두는 편이다. 새로운 보드게임을 하면서 학생들끼리 친해지기도 하고 교사도 함께 참여하여 즐거운 교실 분위기를 만들기 위해 노력한다. 학생들에게 보드게임은 공공재이다. 정부교사가 막대한 비용을 들여 교실에 비치하고, 누구나 자유롭게 이용할 수 있기 때문이다. 같은 의미에서 교실의 책상과 의자도 공공재이다. 전기도, 난방도 학생들에게는 공공재인 셈이다.

그렇기에, 충분한 교육과 지도가 없다면 학생들은 당연히 험하게 물건을 사용한다. 보드게임은 점심시간만 지나면 정리함에 어지럽게 쌓여 있고, 책상은 스티커 자국으로 범벅이 된다. 교실 내 전기는 무분별하게 사용된다. 공유지의 비극이 교실이라는 사회에서 현실화하는 순간이다.

일반적으로 초등학교에서 이런 문제는 교사가 해결한다. 생활지도를 하거나 1인 1역을 배치하는 것이다. 혹은 교사가 직접 언급하여 해결하기도 한다. 하지만 우리 교실은 경제수업을 진행하고 있었기에, 경제적인 관점에서 이 문제에 접근하고 싶었다. 학생들과 공유지의 비극에 대한 수업을 진행한 후 경제학적 논리로 해결방안을 제시하도록 유도했다. 보드게임 공공재의 예시로, 교실에서 사용한 몇 가지 방안을 제안한다. 학급에 맞게 참고 혹은 변형하여 사용하면 좋겠다. 더욱 현명한 해결책이 나오길 바란다.

비정부 해결방안

보드게임에 대한 모든 권한을 포기하고 학생들에게 넘겨주는 방법이다. 학생들에게 양보한 후 새로운 보드게임 지원은 없을 것이며, 이 보드게임을 회의를 통해 자율적으로 1년간 잘 관리해보라고 말하며 학생들에게 넘겨주는 것이다. 일종의 공공재 방치이지만, 고학년의 경우 의외로 효과적이었다. 학급 구성원과 분위기에 따라 달라지겠지만 먼저 이 방안을 해보고, 해결이 되지 않으면 다른 방안을 적용해보자.

규제

공공재의 양을 제한하는 방법이다. 보드게임이 너무 난잡하게 정리가 되어있지 않다거나, 분실물이 발생하면 보드게임 이용 자체를 규제하는 방법이다. 혹은 분실물이 발생한 보드게임을 더는 할 수 없도록 회수하는 방법도 있다. 모두가 보드게임을 하지 못하게 되면 학생들은 다음 보드게임을 보다 소중히 여기고 잃어버린 보드게임 구성품을 찾기 위해 노력한다.

기금

정부에서 지속해서 보드게임을 공급하되, 보드게임을 이용하지 못하는 경우 모든 학생에게서 학급 화폐로 기금을 걷어 새 보드게임을 구매하는 방법이다. 전기사용에도 환경기금이라는 이름을 붙여 적용할 수 있다. '탄소 중립'과 같은 현실 세계의 공공재 문제 해결 방안과 유사한 방식이라 추천하고 싶다. 모은 기금을 소모하여 다시 보드게임을 구매해주면 된다.

돈의 가치를 떨어뜨리는
인플레이션

인플레이션은 돈의 가치를 떨어뜨릴 뿐만 아니라,
경제 개발에 지장을 줄 수도 있다.

– 밴서 커링턴

금고에 보관해야 할 나라의 총예산은 정해진 것이 없지만 넉넉한 것이 좋다. 부족하면 추가로 세금을 걷어야 하는데, 이때 조세저항이 크기 때문이다. 나라의 총 화폐량을 알고 있으면 무역을 할 때 나라 간 환율을 정하기에도 좋다. 또 나라의 총 화폐 발행량과 현재 은행에 들어와 있는 돈을 비교하면 학생들이 돈을 많이 가졌는지 적게 가졌는지 파악할 수 있어 경제 현상을 유도할 때 편리하다.

교실 화폐가 도입되고, 직업 활동이 시작된 지 한 달 가까이 지났을 때였다. 주식을 비롯한 투자상품과 사업이 시작되면서 학생들의 돈이 많아졌다. 은행원을 담당하고 있던 학생이 걱정 섞인 말투로 내게 다가와 물었다.

"선생님, 금고에 남은 돈이 얼마 없어요."

처음 이 활동을 시작했을 때 1학기는 넉넉히 버틸 금액을 뽑아뒀었기에 적잖이 당황했다.

"벌써? 돈 많이 뽑아두지 않았나요?"

"학급 화폐가 좋다고 인출 해가는 학생도 있고, 이번에 투자 소득이 좋은 친구들도 있어서요."

"만드는데 시간이 좀 걸릴 텐데…. 일단 하루 인출 가능 금액을 제한하도록 해요."

이렇게 인출금액을 제한하면서 시간을 번 나는 아르바이트 학생을 모집하여 새로운 화폐를 제작했다. 더불어 고액권도 만들었다. 시간이 흐르며 고액권의 수요는 점점 커졌고, 이미 만들어진 화폐는 학생들주머니 속으로 사라지게 되었다. 어느 순간 학생들에게 5 스타, 10 스타는 일주일 예금이자만으로도 벌어들이는 사소한 금액이 되었고 매일매일 미니 초콜릿과 젤리가 품절 되기 시작했다.

재정적 부담을 줄이고자, 도매상인을 통해 품절된 상품의 가격을 일괄적으로 3 스타씩 올리도록 했다. 국가에서 쓰는 물건들에 대한 가치도 높였다. 인플레이션의 시작이었다. 도매상인의 판매 물건은 매주 가치가 올라가게 되었고, 학생들은 도매상인의 물건을 사들여 다음 주에 팔면 더 큰 이득을 볼 수 있다고 생각하게 되었다. 도매상인의 물건을 학생이 되팔 수 없으며 이를 하기 위해서는 사업체를 만들어 허가받고 판매해야 한다는 법안을 만들고 나서야 상황이 진정되었다. 앞서 언급한 격언처럼, 인플레이션 현상이 그 자체로 돈의 가치를 떨어뜨리면서, 경제발전에 지장을 주는 방향으로 일어난 것이다.

활동이 진행되며 물건의 가치는 점진적으로 높아져야 한다. 그리고 동시에 학급 화폐가 매우 부족한 학생들이 어느 정도의 소비는 누릴 수 있도록 다양한 소득 방안과 물건 소비법안을 마련해주어야 한다. 학생들은 이 활동을 진행하며 물건의 가치는 시간이 지나면서 오르게 된다는 중요한 사실을 알게 되었다. 또한, 물건 자체로 돈을 벌 수단이 되기도 한다는 것도 알았다. 학급은 사회의 축소판이지만 사회보다 더 나은 해결방안을 제시하고 학생에게는 배움의 장이 되어야하기에 이런 현상을 적절하게 개입하여 통제해야 한다.

실업과 파산,
경제활동을 멈추다

실패는 그저 처음부터
다시 시작할 기회일 뿐이다.

– 헨리 포드

나는 학생들이 경제문제를 해결하는 방법을 알고, 스스로 창의적인 해결방안을 생각해내길 바랐다. 그래서 의도적으로 교실에 필요한 직업의 숫자를 줄이기 시작했다. 그로인해 실업자가 된 학생들이 나타났고, 고정적인 급여를 받지 못하는 상황에서 씀씀이를 줄이지 못하다 보니 파산하는 학생도 생기기 시작했다.

경제활동을 아예 하지 못한다는 것은 학생들에게 큰 좌절감을 안겨주는 일이었다. 대부분의 학생들은 적어도 '재산이 0이 되는 것은 막아야 한다'라는 마음을 가지고 있었기에 파산하는 경우가 드물었지만, 매년 수업을 진행하다 보면 한 명 정도는 파산하는 학생이 나오기 마련이었다. 잘못된 방식의 무리한 주식 투자, 부동산 구매, 혹은 평소 학급 도매상인의 판매 물건을 과소비하는 경향들이 원인이 되었다. 이런 학생들은 재산이 0이 되면 더는 경제활동을 진행하려 하지 않았기에 파산 상태가 장기간 지속되면 학생들에게 교육적으로 좋지 못했다.

앞서 직업단계에서 언급한 바대로 실업은 의도된 경제문제 현상이고, 이를 해결하는 방법도 학생들은 알고 있었다. 문득 학생들이 파산에 대해 어떻게 생각하고, 어떤 해결책을 제안할지 궁금해졌다.

한 학생이 파산 위기에 처한 학생을 구하는 자선단체를 만들자는 제안을 했다. 평소 인성교육을 병행한 효과였다. 학생들은 자금을 모아 기부회사를 만들고, 봉사직원을 뽑은 다음 기부금을 모금했다. 파산한 학생이 새로운 수입을 얻게 되면 기부회사에 일부 금액을 기부하여 선순환이 이뤄지도록 했다.

물론 훌륭한 일이었지만, 나는 학생들이 기부단체를 운영하는 것을 면죄부 삼아 도덕적 나태에 빠지지 않길 바랐다. 그래서 실업자가 일정 기간만 기부금을 받을 수 있도록 했고, 의욕을 가지고 경제활동을 다시 시작할 수 있도록 교실 아르바이트 활동을 많이 만들었다. 아르바이트 활동에는 파산당한 학생을 우선 참여시켜 노동을 통한 수입을 꾸준히 만들어나가도록 했다.

실업은 현실 세계에서도 해결되지 못한 문제다. 학생들의 의견을 들어보고 다수결로 의견을 모은 뒤, 실업을 해결하려는 방안을 적용해보고 문제점을 수정해가며 더 나은 실업 해결방안으로 수업을 진행하길 추천한다.

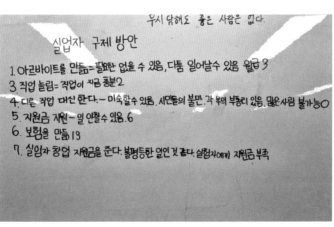

실업자 구제방안 (학생제안)

사회의 축소판,
교실에서 고민하는 연습

정부는 상황에 따라 개입을 해야 하지만,
그 개입은 최소한으로 유지되어야 한다.

– 미첼 팔머

화폐와 함께 경제체제를 가지고 운영되는 교실에서, 경제 현상에 따른 사회문제는 필연적으로 발생한다. 실업자 문제, 세금의 형평성, 이기적인 개인, 편법, 복지의 사각지대, 도박, 인플레이션, 담합….

교사와 학생들은 앞서 언급한 수많은 문제 현상을 직접 겪게 된다. 자본주의라는 체제가 인류로부터 선택받은 현존하는 최고의 체제라 할지라도, 문제점이 없을 수는 없으니 말이다. 사회의 축소판이자 자본주의 체제로 움직이는 경제교실에서 비슷한 문제 현상들을 볼 수 있는 건 어찌 보면 당연한 일이다.

정부의 역할을 맡은 교사는 몇 가지 선택을 할 수 있다. 첫 번째는 철저한 대비와 예방책으로 문제를 미리 방지하는 것이고, 두 번째는 문제가 발생하면 즉각적으로 개입해서 문제를 해결하는 것이다. 세 번째는 문제를 조금 지켜보다 학생들이 스스로 해결하도록 유도하는 방식이다.

대부분 첫 번째나 두 번째 방식을 선택하리라 생각한다. 문제 상황을 지켜보는 것도 힘들고, 문제 상황을 미리 예방할 수 있다면 교사의 에너지와 감정 소모도 줄일 수 있으니 말이다. 실제로 많은 경우에 이런 선택은 효율적이지만, 아이들의 경제적 사고를 길러주기 위해 세 번째 방식도 활용할 필요가 있다.

특히나 저학년 학생들은 교사에게 많은 것을 의존한다. '이럴 땐 어떡해야 해요?', '화장실 다녀와도 되나요?', '이거 해야 하나요?'라고 쉴 새 없이 질문하며 계속 확인받고 싶어 한다. 자신이 올바른 방향으로 가는지 계속 점검하고 싶은 마음도 있겠고, 단순히 교사의 관심을 끌고 싶은 마음도 있을 것이다. 이런상태가 이어지다보니, 요새는 고학년도 스스로 생각하고 판단하지 못하는 학생들이 자주 보인다.

그렇기에 나는 아이들이 스스로 생각할 힘을 길러야 한다는 것을 강조하고 싶다. 스스로 생각할 힘이나 능력이 없거나, 그럴 의지가 없는 학생은 시키는 대로 한다. 그런 아이들 입장에서는 교사가 지시한 것만 하면 되니 편하다. 그럴수록 스스로 판단하고 행동하는 시간은 점점 사라져가고 의존적인 학생이 되어간다. 학생의 의존을 받아주고 직접 나서서 해결해주기만 한다면 학생의 자주적 사고는 사라지는 셈이다.

경제교육에서도 마찬가지이다. 모든 학년의 아이들이 경제 개념을 낯설게 느낀다. 저학년은 말할 것도 없고, 고학년도 경제적 문제 현상을 마주하는 순간 불만을 가득 품는다. 문제 상황이 나타날 때 마다 어떻게 해야 하는지 교사에게 해답을 요구한다. 학교생활에 익숙한 고학년이기에 웬만한 것은 스스로 한다고 해도, 경제적 지능에 있어서 고학년은 저학년과 거의 유사한 출발 선상에 있다. 경제적 문제 현상을 경험해 본 적이 없고, 해결책을 생각해본 적이 없으니 의존적으로 되는 것이다. 이때 교사가 해결책을 제시하면 쉽게 운영이 되겠지만 그것은 강의식 수업과 다를 바 없다.

경제교실을 운영하며 한 가지 질문을 학생들에게 꾸준히 제시했다.

"넌 어떻게 해야 한다고 생각해?"

질문을 통해 학생들이 한번이라도 더 스스로 생각해보게 하는 것이다. 이런 과정을 반복하며 학생들의 자주적 사고를 길러왔다. 문제 현상에 대한 설명과 현상에 대한 학생들의 이해가 끝났다면, 교사의 역할은 학생들이 스스로 생각할 수 있도록 기다리는 것이다. 학생들은 의존적이지만, 질문에 답하기 위해 고민을 거친 뒤에는 때때로 교사보다 더 훌륭한 해결책을 제시했다.

사회의 축소판인 학급이 사회의 문제를 그대로 흡수하고 그대로 나타내기만 해서는 안 된다. 학교는 사회보다 더 따뜻하고 더 밝은 공간이 되어야 한다. 그래야 학생들이 사회의 구성원이 되었을 때 더 현명한 방식으로 지금의 어른들보다 멋진 해결책을 제시할 수 있다. 학생들은 사회에서 경험할 것에 대한 연습을 학급에서 해보는 것이다.

교사가 즉각적인 개입을 통해 문제 상황을 해결하려고 하거나, 사전에 문제를 예방하여 평화로운 학급을 만들고자 하는 것이 나쁜 것은 아니다. 그것은 너무나 소중한 교사의 기본 소양이지만, 경제교실과 같은 지도 상황에서는 예외일 수 있다. 때로는 잠시 개입을 멈추고 아이들의 선택을 신중하게 기다려보는 것이 어떨까?

PART 5

경제지능
생활지도

사회의 중요한 약속, 시간

시간은 비용이다.
그러므로 시간을 낭비하지 마라.

– 벤자민 프랭클린

학생 생활지도는 교사의 역할이다. 생활교육 권리는 적고 책임만 많은 최근의 상황은 교사를 힘들게 하는 주된 원인이다. 하지만 적절한 지도 없이 방관한다면, 교실의 붕괴로 인해 교사와 다른 학생들에게 또 다른 상처로 돌아온다. 그렇기에 학생들을 위해, 그리고 교사 스스로를 위해 생활교육은 꼭 필요하다. 경제교육과 관련된 생활교육 사례를 소개하고, 여러 교사로부터 검증된 생활지도 방안들을 제안해보고자 한다.

사회에서 시간과 약속은 정말 중요한 규칙이다. 약속을 상습적으로 어기거나 정해진 시간을 준수하지 않는 것은 계약 파기를 의미하고, 새로운 거래로 이어지지 못하게 하는 주원인이 된다. 경제 교육적인 의미에서나 생활지도의 부분에서나 시간 관리교육은 꼭 필요하다.

지각을 일삼던 학생 A가 있었다. 다른 학생들은 9시 등교라는 원칙을 아슬아슬하게 어기는 A에게 불만이 컸다. 학생들은 경제교실을 운영하면서, 지각하는 사람에게 벌금을 받자고 제안했다. 지각하는 시간만큼 벌금을 내도록 하는 법안이었다. A는 크게 반발했지만, 다수결의 원칙으로 법안은 통과되었고 다음 날부터 1분 지각당 1스타라는 벌금 제도가 생겼다. 제도가 만들어진 후 지각은 사라졌다. 왜 진작 이 제도를 만들지 않았을까 학생들은 서로 이야기하며 만족해했다.

그러던 어느 날, A가 피치 못할 사정으로 크게 지각하게 되었고 처음으로 벌금을 적용했다. 적지 않은 금액을 지각 벌금으로 내게 된 A

는 두 번 다시 지각하지 않았다. 그날 이후 학생들은 단 1초의 시간에도 예외를 허용하지 않으려고 9시 정각이 될 때까지 시계만 쳐다보게 되었다. 교실 분위기는 흉흉해져 갔다. 일주일간 이 사건을 지켜본 후 나는 다시는 벌금제도를 허용하지 않았다. 학생들도 자신들의 모습이 변해가는 것을 느낀 후 벌금제도를 폐지하자고 의견을 냈고, A는 다시 지각하기 시작했다.

그런 A를 변화시킨 것은 지속적인 칭찬과 학생 스스로의 깨우침이었다. 벌금제도가 사라진 후 나는 지각한 시간만큼 남아서 선생님과 이야기하는 시간을 가지자는 규칙을 제안받았다. 모두의 동의를 얻어 시행하게 되었고, A가 지각한 어느 날 방과 후에 A의 이야기를 듣다가 사정을 알게 되었다. A는 부모님이 맞벌이를 하셔서 이른 아침에 자신을 챙겨줄 사람이 없었다. 동생까지 신경 써야 했기에 아무리 열심히 준비해도 늦는 날이 있는 것이었다. 이런 사정을 알게 된 후 제시간에 오는 A의 모습이 참 기특했다. 다음 날 시간을 지킨 A에게 크게 칭찬했고, 그날 이후 A의 지각 빈도가 점점 줄어들기 시작했다. 물론 그것만으로는 부족했다. 타인의 칭찬으로 움직인 행동은 칭찬이 사라지는 순간 같이 멈출 것이기 때문이었다. 지각에 대한 스스로의 깨달음이 필요한 순간이었다.

A는 학교에서 자신의 사업을 만들고 경제활동을 하는 것에 꽤 진심인 학생이었다. 창업활동에서 자신만의 사업체를 만들기도 했었는

데, 독창적인 사업 아이템으로 영업이 잘되다 보니 직원 두 명을 고용하기에 이르렀다. 직원들은 A와 계약서를 쓰고 고용되었지만, 중간중간 계약서에 쓰인 근무시간을 지키지 않고 더 늦게 일을 시작하거나 일찍 끝내는 경우가 많았고 알게 모르게 이런 일로 속상했다는 것을 A의 글을 통해 알게 되었다. A에게 계약 또한 하나의 약속이며 등교 시간도 하나의 약속이라는 것을 이야기해주었다. A는 깨달음을 얻은 듯했다. 스스로에게 닥친 고난을 경험한 A는 이후로 지각하지 않게 되었고 나 또한 이 일로 학생을 변화시키는 것이 벌금과 체벌이 아닌, 학생에 대한 칭찬과 스스로의 깨달음이라는 것을 다시금 떠올리게 되었다.

태도를 만드는 습관,
정리 정돈

정리하지 않는다면,
당신의 삶은 소비에 의해 점차 망가져 갈 것이다.

– 로렌스 J. 피터

평소 인간의 심리에 관심이 많아 종종 관련 서적이나 영상을 찾아본다. 캐런 킹스턴의 책『아무것도 못 버리는 사람』에는 이런 내용이 등장한다. '사람의 마음은 그 사람의 책상으로 확인할 수 있다.' 나는 그 말이 기억에 오래 남았었다. 이 부분은 학생들에게도 항상 강조하는 것이다. 서랍과 사물함이 정돈된 상태가 곧 그 학생의 마음이라고 생각해서다.

환경과 주변 분위기는 학생에게 큰 영향을 준다. 학생들은 교실에 있을 때와 전담실에 있을 때 다른 모습을 보인다. 그뿐 아니라 집과 학교에서, 도서관과 카페에서 각자 다른 모습을 보인다. 그렇기에 정돈된 교실은 아주 중요하다.

학생들 스스로도 물건의 위치를 제대로 파악하지 못하면 학습 준비와 활동에 더 오랜 시간이 걸린다. 물건을 잃어버리고 새로 사는 것이 반복되면 그것은 곧 금전적 손실로 이어진다. 경제적으로도 정리 정돈을 학생들에게 꼭 지도해야 할 이유이다.

3월 첫 주, 학생들에게 정리 정돈 사진을 보여주며 사물함, 서랍의 깨끗한 모습을 보여준다. 사진을 사물함 한쪽에 붙여두면 더 좋다. 세부적인 설명을 알려주고 절차대로 학생들이 정리하도록 관찰하며 지도한다. 예를 들면, '책은 이름이 보이게 꽂기'와 같은 것이다. 책을 사물함에 가로로 쌓아두면 아래 책부터 꺼내기 힘들어진다. 나는 학생들에게 서랍에 종이 쓰레기가 없도록 하고, 책상 위에 잡다한 스티커나 장난감이 올라와 있지 않도록 해야 한다고 설명했다. 모든 활동지는 A5나 B5 크기로 만들어 교과서에 붙이도록 하고, 단단한 재질의 손잡이형 파일 케이스를 구매하여 책상 옆에 걸어서 보관하게 했다. 헝겊 가방은 재질이 약해 손잡이가 자주 떨어지기 때문이다.

교실에서도 항상 깔끔한 상태를 유지하기 위해 노력해야 한다. 영상을 참고자료로 사용해도 좋다. 깨진 유리창을 그대로 방치했더니, 시간이 흘러 거리 전체가 슬럼화 되었다는 '깨진 유리창의 법칙' 이야기는 활용하기 좋은 유명한 예시다. 관련 영상을 학생들에게 동기유발 자료로 보여줘도 좋다. 여러 가지 교육을 병행하며 한 달 동안 시범 기간을 가진다. 한 달간 교사가 직접 사물함과 서랍을 매일 검사하며 습관이 잡히도록 지도하는 것이다. 이 한 달의 기간은 습관이 형성되는 데 걸리는 시간이다.

한 달간의 지도가 끝나면 일일 아르바이트생에게 사물함과 서랍 상태를 검사하도록 한다. 고정 직업으로 정하는 경우 학생들의 원성을 살 우려가 있고, 이는 직업을 기피 하는 계기가 되기 때문이다. 아르바이트생으로 고용하고 소득이 없는 학생에게 우선권을 주면 많은 학생에게 기회가 돌아가기에 서로의 처지를 잘 이해하게 된다. 검사 후 정리/정돈 상태가 좋지 않은 경우, 아르바이트비를 지급하지 않으면 된다. 그러면 기분 상하지 않게 서로 협조해 꼼꼼히 확인하게 된다.

하교 시 책상에 있는 모든 물건을 치우게 하려면 책상 위에 의자를 올리게 하면 된다. 학생 이름을 자신의 물건에 적거나 스티커를 붙여 표시하게 하는 것도 정리 정돈에 도움이 된다. 나는 이를 위해 개인용 네임펜을 교실에 상시 구비 해 두었다. 더불어 매년 학생들의 이름을 네임 스티커로 만들어 주고 있는데, 96칸 화이트 라벨지를 구매하여 한글 문서로 메일머지를 활용한 이름표 양식을 만들면, 두고두고 사용하면서 학생들에게 나눠주기 좋다.

발전을 돕는 경쟁력,
독서

독서는 자신을 더 나은 경제적 상황으로 이끌어줄 수 있는
최고의 방법 중 하나이다.

– 제인 오스틴

'심심한 사과'라는 단어를 통해 문해력에 대한 논란이 크게 확산되었다. 디지털 기기가 일상화되고, 정보가 온라인에 가득한 요즘 학생들은 책과 점점 더 멀어지고 있다. 최근 교육 현장에서 디지털 리터러시가 강조되는 것도 이런 이유에서일 것이다. 누구나 많은 정보에 제한 없이 접근할 수 있게 되었지만, 결국 정보를 활용하는 것은 인간이다. Chat GPT를 비롯한 인공지능이 점점 더 방대한 정보를 제공하는 지금, 올바른 정보의 취사선택과 정보의 재구성은 학생들에게 더욱 필요한 요건이 되었다.

그런 의미에서 독서교육은 학생들의 경제지능 성장을 돕고 더 나아가 창의적인 인간을 만드는 핵심 요소이다. 교직 생활을 하면서 하면서 다양한 학생들을 마주하게 된다. 똑같은 경제 기사를 읽어도 그것을 어려움 없이 술술 읽으며 필요한 정보만 쏙쏙 흡수하는 학생이 있는가 하면, 몇몇 어려운 용어에 막혀 금세 읽기를 포기해버리는 학생도 있다. 독서 습관이 보여주는 차이다. 독서 습관은 학생의 정보습득 능력을 향상해 합리적 의사결정을 돕는 기술인 것이다.

신학기 첫날, 학생들의 책상 위에 각기 다른 도서를 배치해놓는다. 책 읽기 도서를 일괄 구매하여 같은 책을 올려둬도 좋고, 도서관에 양해를 구해 여러 권의 책을 빌릴 수도 있다. 우리 반은 아침 첫인사 후 10분간의 독서를 매일 가진다. 준비한 책이 없다면 국어책이라도 무조건 읽도록 한다. 주어진 텍스트를 빠르게 다 읽었다 하더라도 10분간은 반드시 무언가를 읽어야 한다.

길지 않은 시간이라 어느 정도의 강제성이 있더라도 학생들을 힘들게 하지는 않는다. 물론 짧은 시간도 아니기에 책을 가져오지 않거나 읽을 책이 없는 학생들은 지루해할 수 있다. 아무 말도 하지 않고, 아무 행동도 할 수 없는 시간을 보내는 경험이 누적된 후에는 학생들이 자발적으로 가방에 책을 가지고 다닌다. 아침 시간의 고요함을 견디기 위해서이다. 다 읽어가는 한 권을 완독하고 나면 할 것이 없기에 두 권을 가지고 다니게 한다. 교과서는 사물함에 보관하고 다니기 때문에 책 두 권 정도를 책가방에 넣는다고 해서 부담이 되지는 않는다.

학생의 제안으로 우리 교실에는 사서라는 직업을 두었다. 학급문고를 관리하고, 학생들에게 도서를 추천해주는 직업이었다. 교사가 독서를 중점으로 두면, 학생들이 먼저 이런 아이디어를 제시하기도 한다. 나는 아이들이 단순히 책을 읽는 것에서 그치지 않고 무언가 남기기를 바랐다. 처음에는 독서록을 작성하는 방법을 생각했지만, 아이들에게 부담을 줄 수 있다고 생각했다. 독서록 제출은 원하는 학생만 하도록 하고, 자신이 읽은 책을 한 줄 평으로 남기도록 했다. 물론 당연히 길어도 좋고, 독서록을 써도 좋다. 하지만 이 모든 것들이 귀찮고 힘든 학생들에겐 단 한 줄만 적도록 했다. 책을 읽고 내가 느낀 점에 대해 단 한 줄을 적는 것이다. 이 정도는 누구나 할 수 있다. 독서교육을 처음 받는 학생들도 부담 없이 한 줄 평을 적었다. 나는 학생들의 한 줄 평을 사서가 정리하도록 했다. 이런 방식은 독서를 싫어하는 학생에게도 제법 큰 유인책이 되었다.

아침 독서 시간에는 교사도 함께 독서에 참여하여 모범을 보였고, 회장을 맨 앞에 앉혀 독서 태도가 '좋은' 학생에게 체크 표시를 해주도록 했다. 체크 표시가 세 번 쌓이면 뽑기통을 돌려 아주 작은 선물이나 혜택을 주었다. 이렇게 하니 교사가 자리를 비우더라도 집중해서 책을 읽는 분위기가 유지되었다. 처음에는 좋은 태도를 보이기 위해 읽는 척하던 학생들도 시간이 흐르자 독서 속으로 빠져드는 것을 목격할 수 있었다.

아침마다 꾸준히 독서교육을 진행한 결과 학생들의 전반적인 문해력이 향상되었고, 학기말이 되자 학생들은 어린이 경제신문 수준의 글을 모두 이해할 수 있게 되었다. 더 흥미를 붙여 성인 수준의 기사나 책을 읽는 학생도 나타났다. 어느 정도의 강제성을 가지도록 하되, 그 안에서 자유를 주면 학생들은 자발적으로 교사의 의도대로 따라온다는 것을 느낄 수 있었다. 독서 습관은 성인이 될수록 더욱 큰 경쟁력이 된다. 어느 분야로든 발전할 수 있는 유용한 강점인 만큼 학생들에게 이 부분을 강조하며 지도하면 좋겠다.

**좋은 이웃을 만드는
대인관계 교육**

감사는 자신의 경제적 성장과 성공을 이루는 데
중요한 역할을 한다.

– 존 F. 케네디

나는 INFP의 내향형 인간이다. 나의 MBTI 결과는 상황과 환경에 따라 변해왔지만, 혼자만의 시간이 필요한 내향형이라는 것은 언제나 변하지 않았다. 이렇게 스스로의 성향을 이해하고 타인을 대하니 관계 설정이 한결 편해졌다. 내가 학생들을 대할 때도, 학생들이 서로를 대할 때도 마찬가지다. 그러다 보니 시간이 날 때마다 간단한 심리검사를 학생들과 하곤 했다. 심리검사를 해보면 정말 다양한 성향의 학생들이 있다는 것을 알 수 있었다. 점심시간이나 쉬는 시간이면 아이들의 검사결과지를 들고 행동을 관찰하며 공통점과 차이점을 찾아보는 재미에 빠지기도 했다.

교실에는 자기만의 시간을 보내는 학생도 있고, 친구들과 이야기하는 학생도 있다. 조용히 나만의 활동을 하며 행복감을 느끼는 나와 같은 내향형 학생이 있는가 하면, 스스럼없이 다가오고 재잘재잘 말을 거는 아주 외향적인 학생들도 있다. 어떤 성향이 더 좋거나 나쁜 것은 아니다. 저마다 가진 강점이 있으니까 말이다.

경제교실에서 학생들은 자신의 재능을 발견하고, 발견한 재능을 팔고, 경제활동을 통해 자산을 불려 나가야 한다. 그러기 위해서는 자신의 성향을 잘 이해하고, 그 성향에 맞게 대인관계를 잘 형성해 나갈 필요가 있다. 인간관계를 맺는 역량이 발달하면 경제지능을 기르는 것에도 큰 도움이 된다. 경제교실을 진행하다 보면, 사회문제 현상을 접하게 되고 이에 따른 학생들의 갈등도 나타나기 때문에 그것을 슬기롭게 해결하는 요령을 학생들에게 알려줄 필요가 있다.

나는 학기 초에 이런 이야기를 전한다.

"선생님은 여러분이 모두와 친하게 지냈으면 좋겠습니다. 하지만 이건 선생님의 바람일 뿐입니다. 모두와 친하게 지내지 않아도 되고, 그렇게 되기도 어려울 겁니다. 다만, 친구와 항상 좋은 관계를 유지하도록 노력해주세요. 상대방을 배려하고 존중하면 좋은 관계가 유지됩니다."

갈등이 있는 친구와 친하게 지낼 필요는 없다. 하지만 교실이라는 사회에서 좋은 관계를 유지하는 것은 필요하다. 좋은 관계를 위해서는 개개인의 꾸준한 노력도 필요하다. 이를 지도하기 위한 몇 가지 방법을 소개하려고 한다.

첫 번째, 말하기훈련이다. 자신의 의견을 짧게 한 줄이라도 '모든' 학생이 말하게 하는 것은 그 자체로 훈련이 된다. 수업 시간이 끝나기 5분 전, 모든 학생을 자리에서 일어나게 한 다음 수업에서 느낀 점이나 배운 점, 더 알고 싶은 점을 짧게 한가지씩 말하게 했다. 어떤 날에는 감사함을 한 문장으로 발표하게도 했고, 또 어떤 날에는 삼행시 만들기를 전체 발표로 하기도 했다. 패스해도 되지만, 그런 경우에는 서 있다가 한 바퀴 순서가 돌고 다시 말해야 한다. 바로 전 사람이 말했던 문장을 다시 짧게 말하고, 자신의 한 문장을 말하게 만드는 것도 좋다. 이렇게 하면 경청하는 습관이 자연스럽게 형성되기 때문에 평소에도 다른 사람의 말을 귀 기울여 듣게 된다. 목소리가 작거나 많이 긴장하는 학생들에게는 몇 가지 도움을 주는 것도 좋다. 인형을 안고 발표하게 하거나, 발표용 마이크를 주거나, 친구와 함께 나와서 발표하도록 하는 것이다. 물론 발표는 스스로 한다. 같이 나와주는 친구의 존재만으로도 학생들은 용기 있게 발표를 해낸다.

　두 번째, 감사훈련이다. 학생들이 자신의 삶에 감사하고, 타인에게 감사함을 표현하게 되면 학급 내 갈등이 극적으로 줄어드는 것을 경험했다. 학생들은 부정적인 학생보다 감사할 줄 아는 학생에게 더 친근감을 드러내고 가까이 지내려 한다. 아침 시간마다 전날 하루 동안 감사했던 내용을 포스트잇에 짧게 적게 한 뒤, 포스트잇을 칠판에 모은 후, 한가지씩 읽어주며 서로의 생각을 공유하게 했다. 하루의 시작을 감사로 시작하는 것이다. 경제활동을 하며 직업선택 과정에서 갈등이 생겼을 때, 이 와중에도 감사한 것을 '무조건' 한가지 찾아 공책에 적고 발표해보도록 했다. 갈등을 겪는 상황에서는 감사한 점을 찾기 어려워했지만 언제나 감사할 내용은 무엇이든 있었다. 감사한 점 발표가 끝난 뒤에는 학생들이 경제활동에서 마주한 갈등도 현명한 방식으로 해결하는 것을 볼 수 있었다. 감사 종이를 활용하는 방법도 있다. 포스트잇에 '감사 종이'라는 이름의 양식을 만들어 인쇄한 후 모든 학생에게 나눠준다. 하루 동안 자신이 학교생활을 하면서 감사한 친구에게 이 종이를 건네도록 하는 방법이다. 감사 종이를 학급 화폐와 교환할 수 있도록 하되, 자기 자신에게는 쓰지 못하도록 하면 학생들이 다른 학생들에게 순수한 감사의 마음을 전할 수 있게 되고, 서로가 긍정적인 말과 행동에 더욱 신경쓰므로 추천하고 싶은 활동이다.

말하기훈련과 감사훈련 모두 교사가 모범이 되어야 한다. 올바른 말투와 억양으로 학생들에게 발문하고, 아침에 학생들에게 감사일기를 써주어 감사함을 직접 표현해야 한다. 교사가 학생을 인정하고 감사함을 표현할 때 학생들은 그 모습을 보며 감사함을 배우고 실천할 수 있다.

긍정적 사고로
변화하는 아이들

긍정적인 사고는 단순한 슬로건이 아니다.
그것은 우리가 행동하는 방식을 바꾼다.
내가 긍정적일 때,
나를 더 나은 사람으로 만들 뿐만 아니라
주변 사람들도 더 나아진다고 확신한다.

– 하비 맥케이

'지금 당신이 부자가 아니지만, 부자가 되고 싶다면 자신의 주변부터 바꿔야 한다.'라는 말, 한 번쯤 들어본 적 있을 것이다. 어느 정도의 경제적 자유를 이룬 사람들이 공통으로 하는 말이다. 새로운 사업 아이템이 있을 때, 새로운 투자상품이 있을 때, 새로운 도전의 기회가 있을 때 주변에서 부정적인 이야기를 하거나 시샘하거나 가치를 깎아내린다면, 그로 인해 자신이 영향을 받게 된다면 부자가 되는 길에서 가장 빠르게 멀어진다고 한다.

사실 경제적 논리와 관련하지 않더라도 긍정적 사고는 한 사람의 행복한 삶을 위해 꼭 필요한 지능이다. 같은 일을 하더라도 부정적인 사람보다는 긍정적인 사람과 일을 하고 싶고, 인간적으로도 긍정적인 사람에게 더욱 정이 가는 것은 인간의 심리적 본능이니 말이다.

긍정적 사고를 키우는 방법은 여러 가지가 있다. 학생의 부정적 말과 행동을 의도적으로 무시하고 긍정적 언행에 대해 크게 칭찬해 덮어버리거나, 따로 학생을 지도하며 부정적 사고가 스스로에게 나쁜 영향을 미친다는 것을 안내하거나, 긍정적인 말과 행동이 무엇인지 직접 교육하는 방법도 있다. 많은 방법 중 경제교실과 연관 지은 방법을 하나 소개하고자 한다.

학생들에게 긍정적인 말과 행동의 예시를 알려주고, 부정적일 수 있는 상황에서도 감사할 거리를 찾게 하는 훈련을 했다. 그리고 훈련을 행동으로 옮기는 학생들에게 미덕 동전을 주었다. 이 미덕 동전은 투명 아크릴 저금통에 담겨 학생들이 시각적으로 자신의 긍정적 사고력에 대한 보상을 확인할 수 있는 도구다. 아크릴 저금통에 대략 10개 정도의 동전이 쌓이면 학급 화폐로 교환할 수 있도록 했다. 동전 10개당 가장 작은 단위의 지폐 1장 정도면 충분하다. 돈을 바라보고 긍정적인 말과 행동을 하는 것이 아니라, 긍정적인 말과 행동으로 인한 나의 변화를 눈으로 확인할 수 있게 해주는 도구로써만 기능하길 원했기 때문이다.

이런 방법은 긍정적인 말과 행동뿐 아니라 학교생활에서 지속적 지도가 필요한 학생들의 다양한 부분에 적용할 수 있다. 자신의 성취가 눈에 보이고, 적지만 실제 가치가 있는 화폐로 바뀌기도 하니 학생들에게 큰 동기부여가 되는 셈이다.

감정을 살피는
마음 신호등

누구나 화를 낼 수 있다.
따라서 이는 매우 쉬운 일이다.
그러나 적절한 사람에게, 적절한 시간에, 적절한 정도로,
적절한 목적으로, 적절한 방법 안에서
화를 내기는 대단히 어렵다.

– 아리스토텔레스

신호등 소득은 선생님 마음 신호등에 따라오는 소득이다. 경제교실을 진행하면서 무엇보다도 걱정했던 부분은 돈이 다른 가치들보다 우선시되는 것이었다. 돈은 꼭 필요하지만, 나는 학생들에게 돈보다 소중한 것이 있다는 것과 인성과 인간의 기본적 가치가 돈보다 우선한다는 것을 알려주고 싶었다. 그래서 경제교육에 앞서 인성교육을 항상 강조했다. 하지만 보다 직접적으로 전체 학생들을 통솔할 수단이 필요했는데 그것이 바로 '선생님 마음 신호등'이었다.

교사도 화가 날 때가 있다. '화'라는 감정은 나쁜 것이 아니다. 학생들에게 감정을 교육할 때, 분노도 하나의 감정이며 다만 올바르게 표현해야 한다고 지도해왔다. 표현하지 않으면 상대방은 나의 감정을 알지 못하기에, 감정을 표현하되 올바르게 표현해야 한다고 가르쳤다. 마음의 정도를 표현하기 위해서 '나의 마음'을 무지개 신호등처럼 단계로 나눴다. 단계는 맨 아래 빨간색부터 맨 위 흰색까지 7단계 정도로 구분 지었다. 마음 신호등은 칠판에 자석으로 붙여두었다.

신호등이 올라가고 내려가는 것의 조건은 교사와 학생들이 어떤 반을 원하는지에 달렸다. 교사의 개인적인 감정을 배제하고 학생들의 의견을 듣는 시간을 가졌다. '친구가 실수해도 비난하지 않을 때', '자발적으로 반을 위한 행동', '스스로 조용히 했을 때', '긍정적인 말을 했을 때' 그래프를 한 단계 올렸다. 그에 반대되는 행동이나 '시간을 어겼을 때', '선생님이 존중받지 못할 때', '친구에 대한 놀욕때빼험따무[7]'를 할 때는 신호등이 빨간색을 향해 내려가는 것으로 정했다.

신호등이 최대치로 오르면 최대 3스타까지 학급 전원에게 화폐를 지급했고, 그래프가 가장 아래까지 떨어지면 추가 과제를 제시했다. 선생님의 마음이 오르고 내릴 때마다 학생들은 자발적인 행동을 했고, 누군가 신호등이 올라가는 행동을 하면 함께 그 친구를 칭찬해주었다. 당연했다. 신호등이 최고치에 다다르면 모두가 이득을 보았기 때문이다. 언젠가부터 학생들은 최대치에 다다랐을 때뿐만 아니라 신호등이 단순히 오르는 것만으로도 서로를 칭찬해주었다. 이득을 얻기 위해 서로를 칭찬하던 것에서 더욱 성장한 것이다.

이 방식은 원하는 학급 분위기를 만드는 데 크게 이바지했다. 학생들은 등교해서 교실에 들어오자마자 마음신호등을 쳐다본다. 그리고는 내게 다가와 "오늘은 마음이 초록색이시네요!", "오늘은 마음이 노란색이시네요! 무슨 일 있으신가요?" 이렇게 물어보곤 했다. 교사가 학생들의 감정과 행동에 관심을 가지듯 학생들도 교사의 감정과 행동에 관심을 가지는 것이다.

학년이 끝나며 학생들은 '마음 신호등 덕분에 선생님의 감정을 명확하게 알 수 있어 좋았다', '서로를 칭찬하고 긍정하는 분위기를 만들 수 있어 좋았다.'는 후기를 남겼다. 더불어 다음에 이 활동을 하게 될

---

7. 놀리기, 욕하기, 때리기, 빼앗기, 험담하기, 따돌리기, 무시하기

학생들에게 마음 신호등과 관련된 다양한 조언을 해주기도 했다. 학급 화폐를 보상으로 제공하지 않더라도, 보상 그 자체보다 마음을 눈으로 볼 수 있는 시각적 효과가 크기 때문에 학생 지도에 꼭 추천하고 싶은 활동이다.

PART 6

경제교실과
초등교육

사회의 흐름을 따라가는
AI 교육

AI는 우리의 지능을 확장하고 인간의 능력을 향상시키는
무한한 가능성을 제공합니다.

– 빌 게이츠

교실이라는 집단에 경제개념을 도입하면 교실은 진정한 사회의 축소판이 된다. 그래서 다른 교육도 더 넓고 다양하게 진행할 수 있게 된다. 법 교육, 진로 교육, 학생자치에 대한 교육이나 환경교육, 심지어 인공지능 윤리교육으로까지 확장할 수 있다.

> AI는 학생들에게 미래 직업 시장,
> 혁신, 비판적 사고, 윤리적 문제,
> 기술이 경제에 미치는 영향에 대해 가르치기 때문에
> 초등학교 경제교육에서 중요하게 쓰인다.

윗 문단에 인용한 글은 내가 쓴 글이 아니다.

Open AI에서 제공하는 Chat GPT의 답변이다. AI는 산업 전반에 커다란 영향을 미치고 있으며, 특히나 경제 분야와 밀접하게 연관 지어 발전하고 있다. 앞으로도 다양한 산업과 세계 경제에 큰 영향을 미칠 것이고, 경제학적인 가치를 가지고 있기 때문에 기회가 되는 경우 어린 나이에 AI를 접하고 활용하는 방법을 익히면 좋다.

Chat GPT의 답변처럼 AI는 경제교육에서 유용하게 쓰일 수 있다. 초등학교에서 배우는 수요와 공급, 자원의 희소성, 무역 등의 과정에서 기계와 AI가 인간 노동자를 대체하는 것에 대한 윤리적/사회적 문제와 이에 대한 고민을 토론으로 해결할 수도 있을 것이고, 개인정보보호나 저작권에 대한 교육을 인공지능과 연관 지어 생각해 볼 수도 있을 것이다.

정보기기에 대한 이해가 빠른 일부 학생들은 이미 학급에서 AI를 활용해 과제를 하거나 그림을 대신 그리는 방식으로 AI를 활용하고 있다. 코딩을 활용해 게임프로그램을 대신 만드는 일도 있다. 경제교육과 연관을 지어 이런 방식들이 개인 저작권을 침해할 수 있고, 기존의 직업에 대한 전망을 흔들 수도 있다는 것을 지도하면 좋다.

자신이 만든 음악을 팔고 싶다는 학생이 있었다. 다른 활동에는 무기력한 모습을 보였지만 음악 시간만큼은 눈을 반짝이던 학생이었다. 구글 검색엔진 크롬에는 '송메이커song maker'라는 뮤직랩이 있다. 음악 시간에 소개해주었던 이 플랫폼을 학생이 눈여겨보고 있다가, 자신이 여기서 만든 음악을 팔면 어떻겠냐는 제안을 해왔다. 음악 시간에 제출한 과제를 보면서 학생에게 나름대로 음악적 재능이 있다고 여겨졌고, 학생이 가진 장점을 살려주고 싶어 허가했다.

이 학생이 만든 음악은 꽤 인기 있는 상품이었지만 금세 판매를 종료시킬 수밖에 없었다. 인공지능이 만든 음악을 뮤직랩 코드로 가져와서 그대로 팔았다는 사실을 다른 학생이 눈치채고 모든 학생에게 알려왔기 때문이다. 사실 AI가 만드는 저작물에 대한 저작권은 논란이 있지만 이를 계기로 저작권에 대해 지도를 하고 싶었다.

AI는 잘 활용하면 학생들에게 큰 도움이 되지만, 이처럼 무분별한 사용으로 학생의 창의적 사고를 저해할 수도 있기에 AI활용 교육이 필요할 때 저작권 교육을 같이 진행해보자.

경제사,
합리적인 사람들의 선택

역사는 우리의 삶의 한 부분이며,
우리의 미래를 위한 가장 좋은 지침서이다.

– 윈스턴 처칠

나는 어린 시절부터 역사를 참 좋아했다. 하지만 학교에서 역사를 좋아하는 학생은 그다지 많지 않았다. 외울 것이 많다는 압박감, 모르는 용어에 대한 어려움, 낯섦 등…. 다양한 이유로 학생들은 역사를 기피했다. 그런데도 역사는 당당하게 사회교과목 일부분으로 남아있다. 왜 이렇게까지 반드시 역사를 배워야 할까?

여러 모범답안이 있겠지만, 개인적으로는 역사가 참고서 역할을 한다고 생각했다. 인간은 다양한 행동을 하고, 그 행동에 대한 결과를 얻는다. 마치 나비효과처럼 돌아오는 경우가 많은데, 사실 이런 것은 역사 속에서 대부분 벌어졌던 일이다. 수많은 인간의 행동에 대한 데이터를 누적해놓은 것이 역사이기 때문에, 성공과 실패사례를 충분히 엿볼 수 있다. 인생은 게임처럼 '다시 하기'가 없다. 언제나 현재를 살아가야 하는 우리에게 역사는 모범답안을 보여준다. '이전 사람들은 이런 방식으로 했는데 실패했구나.', '이런 식으로 성공했구나, 이렇게 접근해야겠다.' 하는 식으로 말이다. 경제사도 마찬가지라고 생각한다.

인류는 하루에 필요한 음식을 스스로 구했다. 혼자서는 힘들다 보니 무리를 지어 사냥과 수렵을 시작했고, 잉여자원이 생기며 그 자원을 거래하기 시작했다. 자원 간 거래를 원활히 하기 위해 화폐가 생겨났고 남는 화폐를 빌려주며 대출이 생겨났다. 돈을 보관하기 위해 은행이 생겼고 은행은 돈을 보관해주고 보관된 돈을 다시 빌려주며 이자를 주고받았다. 여유자금을 가진 사람들은 돈을 더 불릴 방법으로 투자를 생각하게 되었고, 위험을 분산하고자 주식의 방법으로 투자를 시작했다. 물건과 땅은 돈으로 거래되었고, 그중 물건을 동산, 땅을 부동산이라 불렀다. 이러면서 부의 불균형은 심해졌고 기부와 세금을 통해 부를 재분배하려는 움직임들이 생겨났다. 이런 일련의 경제사적 흐름은 교실에서 사건들을 통해 그대로 재현되었다. 경제의 역사는 흐름이 있고, 인간은 합리적인 선택과 행동을 통해 부를 쌓고자 했다. 그래서 이전 사람들이 왜 이런 결정과 판단을 했는지 아는 것은 교실에서 벌어진 경제현상을 이해하고 해결책을 찾을 때 큰 도움이 되었다. 그러므로 화폐, 주식 등 각 단계에 진입할 때마다 이러한 경제개념이 어떻게 생겨났는지에 대해 경제사적으로 알려주게 된다면, 학생들에게 어떤 상황에서 어떤 경제적 선택과 판단을 해야하는지 학생들 스스로 결정하게 할 수 있다고 판단했다.

6학년 사회에는 대한민국 경제사가 몇 차시에 걸쳐 할애되어 있다. 지금은 대한민국 경제성장의 과정을 확인하는 데에 더 큰 의미를 두지만, 나는 경제사교육이 경제교육에 포함되기 때문에, 경제용어 탄생에 대한 배경 설명을 선행해야 한다고 생각한다.

나도 마찬가지지만, 학생들이 경제를 어려워했던 이유를 살펴보면 경제용어가 어려운 것이 큰 비중을 차지한다. 단순한 암기로 이해할 수도 있지만, 암기로 알게 된 지식은 금방 사라진다. 그렇기에 초등학생들과 경제교실을 운영하려면, 학생들이 이해할 수 있는 수준으로 경제용어를 설명해야 했고, 그에 연관된 역사도 설명할 필요가 있었다. 활용할 수 있을 만한 내용을 몇 가지 공유한다. 경제 수업을 할 때 곁들여 이야기하면 효과적이다.

화폐의 역사 – 돈이 탄생한 배경에 관해 설명한다.

주식의 탄생 – 주식이 생겨난 배경과 주식이 무엇인지 설명한다.

경매방식 – 튤립 경매와 같은 네덜란드 경매방식을 소개한다.

국제무역 – 인간의 거래를 확장된 개념으로 설명한다.

소비 – 최초의 소비와 소비의 역사에 대해 설명한다.

자본주의 – 학생들은 자본주의 시스템 속에 살아가고 있으므로, 자본주의의 구조가 어떻게 되어있고 왜 이런 방식이 선택되었는지를 설명해줄 필요가 있다.

경제교실과 관련된 활동을 도입할 때마다 동기유발을 위해 역사를 다루는 것도 좋다. 또는 활동이 마무리된 후 용어의 생성과정에 관해 설명할 수도 있다. 여러 교과와 접목해서 진행하면 학생들의 기억 속에 더욱 오래 남는 경제활동이 되리라 생각한다.

브랜드,
상품과 회사가 가지는 의미

좋은 브랜드는
좋은 스토리를 갖는다.

– 리처드 브랜슨

이제 막 배움을 시작한 유아기 아이가 맥도날드를 알고 있다는 미국의 연구 영상은 충격적이었다. 어린 시절부터 특정 상품과 브랜드 광고에 노출된 아이는 성장한 뒤에도 해당 상품과 브랜드에 대해 무의식적 친숙함을 가지게 된다는 것이다. 이런 친숙함은 곧 소비로 이어지게 된다.

대한민국의 학생들도 다르지 않다. 학생들은 이미 많은 소비를 경험하고 있고, 다양한 브랜드를 익숙하게 접하고 있다. 주로 어떤 브랜드를 알고 있을지에 대해 궁금하기도 했고, 창업과 사업단계를 시작하기 전에 점검하고 싶은 내용이 있어 브랜드교육을 도입하기로 했다.

먼저 모둠 활동을 통해 서로 알고 있는 브랜드를 적어보게 한 후, 모둠별로 발표했다. 발표하며 중복되는 브랜드는 하나만 적고, 모든 모둠의 발표가 끝난 후 발표된 모든 브랜드에 대해 브랜드의 역사와 탄생 배경을 조사하도록 했다. 개별적으로 하나씩 맡겨서 조사하도록 해도 좋고, 모둠별로 몇 가지 선호하는 브랜드를 가져가게 한 후에 조사해도 좋다.

활동을 통해 학생들이 생각보다 많은 브랜드를 알고 있다는 사실을 알 수 있다. 남학생들은 주로 아디다스, 나이키 같은 운동브랜드나 게임브랜드, 혹은 자동차 브랜드를 익숙하게 알고 있고 여학생들은 구찌, 프라다 같은 패션브랜드나 애니매이션 브랜드, 음식 브랜드 등에 친숙했다. 또 이런 조사를 통해 브랜드에 관심이 많은 가족과 지내거나, 매체에 대한 노출이 많은 학생일수록 더 많은 브랜드를 알고 있다는 걸 파악할 수 있었다. 부모님의 경제적 능력에 따라 눈으로 접하는 브랜드가 달라질 수는 있으나, 그보다는 책이나 방송 등 매체를 통해 접하는 브랜드의 영향이 더 컸다. 초등학교 3학년도 테슬라와 스페이스X, 일론 머스크를 알고 있을 정도니까.

조사가 끝난 후 다시 발표하면, 학생들은 브랜드에 담긴 이야기와 의미, 로고에 담긴 뜻을 알게 된다. 조사한 결과를 반 친구들과 공유하면서 많은 브랜드가 우리 주변에 있다는 것과, 브랜드가 가지는 가치에 대해 깨닫게 된다.

충분한 교육이 이뤄진 후에는 브랜드가 가지는 의미를 살려 자신만의 브랜드를 만들도록 했다. 학생들에게 자신이 팔고 싶은 물건 혹은 자신의 가치를 생각해보게 하고, 그것을 토대로 자신만의 브랜드를 만들도록 했다. '미리캔버스'나 '캔바'와 같은 디자인 도구를 이용해도 좋고, 저학년이나 중학년은 직접 그려도 좋다. 나만의 브랜드를 만들고 여유가 된다면 우리 교실을 대표하는 브랜드도 만들어 무역 활동이나 학생들의 소속감을 키우는 활동에 활용한다면 학생들이 반을 사랑하는 마음을 길러줄 수 있다.

고학년으로 올라갈수록, 또래 집단에서 생기는 동조 소비 현상이 브랜드에서 두드러지게 나타난다. 특정 브랜드의 옷을 함께 입으며 소속감을 느낀다거나, 특정 브랜드를 비하하거나 서열을 나누는 현상도 일어난다. 지금 자신에게 필요한 물건이 아님에도 광고로 인한 소비심리 자극으로 인해 물건을 사는 경우도 많다. 이를 예방하고 올바른 소비를 실천할 수 있도록 나에게 이 물건이 꼭 필요한지 알아보는 소비에 대한 교육과 더불어 브랜드에 대한 교육을 진행하면 좋다.

노력과 관심을 기울이는 노동의 가치

모든 성취는 일을 사랑하는 사람의 결과이다.

– 댄 애리얼리

물론 자본주의 경제체제에서 노동의 가치가 금융소득에 비해 계속 떨어지고는 있지만, 땀 흘려 일하는 것의 중요성과 성실함의 미덕을 학생들에게 안내할 필요가 있다. 나는 학생들에게 '많은 자본을 활용해 부자가 되세요!'라고 교육하고 싶은 것이 아니라, 사회인으로서 자본주의를 올바르게 활용하는 멋진 어른이 되길 바란다. 이 책을 보는 독자들도 같은 마음이리라 생각한다.

학생들은 학급 내에서 정한 자신의 직업을 성실히 수행한다. 학생들은 돈을 위해 직업 활동을 하게 된다. 자본주의 교실 사회에서 돈은 뛰어난 동기유발의 요소이다. 이는 주류경제학에서 말하는 '자신의 이익을 추구하는 인간의 모습'과 닮아있다. 하지만 우리가 원하는 학생들의 모습은 이런 모습이 아니다.

경제학자 댄 애리얼리의 동기부여 실험은 우리에게 시사하는 바가 크다. 실험참가자를 두 그룹으로 나눈 후, A그룹과 B그룹에게 각각 레고 블록을 다 조립하면 3달러를 주겠다고 한다. 두 그룹은 각자 첫 번째 레고 블록 조립을 완성한 후 3달러를 받아 간다. 똑같은 두 번째 레고 블록을 조립할 때는 2.7달러를 준다고 한다. 세 번째에는 2.4달러, 네 번째에는 2.1 달러를 지급할 테니 조립을 해달라고 한다. 사람들이 "그만할래요. 그만한 가치가 없네요."라고 말할 때까지 실험은 계속된다.

A그룹과 B그룹의 조건 차이는 단 한 가지이다. A그룹의 레고는 완성품을 다른 안 보이는 곳으로 가져간 후 같은 제품의 새로운 블록을

조립하게 했고, B그룹의 레고는 완성품을 눈앞에서 분해한 후 그 블록을 다시 조립하게 했다. 이 두 실험의 결과는 어땠을까? 자신의 이익을 추구하는 인간이라면 두 그룹 모두 같은 결과가 나와야 한다. 하지만 실험 결과는 그러지 않았다. A그룹의 사람들이 더 적은 소득을 받고도 레고 조립을 계속했다. B그룹이 1.4달러를 준다고 했을 때 그만했지만, A그룹의 사람들은 0.8달러까지 조립을 계속했다. 이 결과를 통해 인간은 경제적 동물이지만, 동시에 자신의 일이 가치있는 행동이기를 원한다는 걸 확인할 수 있다. 같은 일이라면 자신에게 의미 있는 일을 할 때 더 적은 금액으로도 사람은 움직일 수 있는 것이다.

경제교실을 하다 보면 교사는 1인 1역이 직업으로 자리 잡아 가는 모습을 확인할 수 있다. 소득을 받는 학생들은 자신의 직업 활동을 열심히 하다가도, 곧 월급을 받기 위해 일하거나 건성으로 임하게 된다. 이것이 교사가 학생들에게 '노동의 가치와 직업의 의미'를 가르쳐야 하는 이유이다.

금전적 소득은 분명한 동기부여 요소이지만, 한계가 있다. 학생들이 원하는 일을 원하는 시간에 할 수 있어야 했다. 그래야 돈을 받으면서도 창의성을 발휘하고 자신의 노력과 관심이 기울여졌다. 그것이 학생들에게 노동에 대한 의미로 작용하여 지속 가능한 직업 활동을 가능하게 만들었다.

반 학생들에게 해가 되지 않고, 도움이 되는 일이라면 학생들이 스스로 제안하여 직업을 만들 수 있도록 하면 된다. 활동 시간도 자유, 활동 내용도 자유다. 교사는 학생의 활동을 주의 깊게 살펴보다 격려하고 칭찬해주면 된다. 그리고 그에 걸맞은 적당한 임금을 지급해야 한다. 활동에 대한 교사의 관심과 학생의 자율성으로 인해 생산성과 창의력이 성장한다. 돈은 그 과정에서 노동의 확인을 증명하는 하나의 '도구'일 뿐이라는 사실을 잘 기억해야 한다.

현실 세계에 존재하는 다양한 직업을 조사하고 소개하는 시간을 가지게 한 후, 현실 세계의 직업을 어떻게 응용하여 우리 교실에 적용할 수 있을지를 생각해보는 것도 좋다. 그러면 학생들이 더욱 자발적으로 활동에 참여할 수 있다.

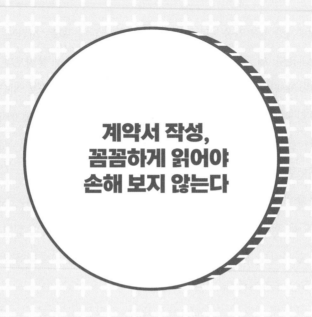

계약서 작성,
꼼꼼하게 읽어야
손해 보지 않는다

꼼꼼하게 읽지 않은 것은 제대로 읽은 것이 아니다.

– 몽테뉴

매년 4월 1일 만우절이 되면 우리 교실에서는 항상 가짜 시험지로 시험을 본다. 학생들에게 아침부터 갑작스러운 쪽지 시험을 예고한 뒤 '학생들의 진로와 성실도, 이해력 평가'라는 말도 안 되는 이유를 댄다. 온갖 미사여구를 활용하여 학생들의 정신을 빼놓고 문항지를 나눠주기 전 "처음부터 끝까지 모든 문항을 꼼꼼하게 읽어 본 후 1번부터 문제를 푸세요."라고 안내한다.

문항지는 A4 한 장으로 되어있고, 1번부터 30번까지 30문장으로 문항지를 만들었다. 문제는 터무니없다. 자신의 이름을 쓰라는 것이 1번 문제, 필통을 꺼내 서랍에 넣었다가 눈으로 보지 않고 연필을 꺼내라는 것이 2번 문제이다. 중간을 넘어가기 시작하면 시험시간에 보기 힘든 이상한 행동을 요구하는 문제들이 등장한다. '오른쪽 실내화를 벗어서 책상 왼쪽에 올려놓은 후 연필을 넣으세요.'라든가, '일어서서 운동장 쪽 창문을 바라본 후 제일 먼저 본 것을 적으세요', '자리에서 일어나 오른팔을 높이 들고 만세 세 번 외친 후 앉으세요', '제일 먹기 싫은 음식을 가장 예쁜 글씨로 쓰세요.' 같은 문제도 있다.

핵심은 30번 문제이다. 30번 문제에는 '이 문제를 본 학생은 앞의 29번까지의 문제를 풀 필요가 없습니다. 오늘은 시험이 아닙니다. 다른 학생들에게 티 나지 않도록 조용히 책상에 엎드려 있으세요.'라고 쓰여있다. 즉, 교사의 지시대로 학생들이 모든 문항을 처음부터 꼼꼼하게 읽고 그 후에 1번부터 풀려고 했다면, 학생들은 터무니없는 만우절 행동에 걸려들지 않을 수 있었다.

이 활동으로 학생들에게 이야기하고 싶었던 내용은 두 가지였다. 교사의 지시를 잘 듣고 성실히 수행해야 한다는 것과 어떤 문제를 받으면 전체 내용을 꼼꼼하게 읽어 본 후 문제를 풀어야 본질을 놓치지 않는다는 것이었다. 이 교훈은 계약서나 헌법을 처음 읽을 때도 마찬가지이다.

계약서에는 어려운 용어가 가득하고, 학생들은 계약서가 지닌 의미를 정확히 모르기에 이에 대해 교육할 필요가 있었다. '꼼꼼히 읽기'를 가르치는 것과 더불어 계약서 문항의 내용을 설명했다. 한번 정한 계약조항은 어떤 일이 있어도 지키도록 하되, 과한 계약이나 신체적, 정신적 피해가 생길 우려가 있는 계약은 교사와 정부 구성원이 개입했다. 한편으로는 헌법과 계약서에 교사가 준비한 독소조항을 넣고, 이를 읽고 별다른 의문 없이 서약한 학생들에게 대가가 따르도록 해줬다.

독소조항이란 그야말로 걸러내야 하는 조항을 뜻한다. 예를 들어 헌법 조항 중에 '교사는 대통령으로서 학생들에게 아무런 제약 없이 원하는 때에 세금을 별도로 걷어 사용할 수 있다.'와 같은 내용을 넣어두거나, 임대계약서 하단에 조그만 문구로 '단, 교사가 원한다면 언제든지 자신의 자리를 포기할 수 있으며, 이에 대한 어떠한 보상도 받지 않는다.'와 같은 내용을 기재하는 방법이다.

학생들은 이런 문장의 첨부를 미처 눈치채지 못하고 계약서를 작성하다가, 엄격한 시행의 대가를 치른다. 그런 경험을 해 본 뒤에는 주어진 계약서나 문장뿐만이 아니라 모든 시험지를 꼼꼼하게 읽고 의문을 제기하는 습관을 들이게 된다. 이는 경제와 관련된 범죄 예방 교육에도 활용할 수 있다. 학생들에게 계약서와 헌법처럼 서류를 꼼꼼하게 읽어야 하는 이유와 필요성에 대해 경험적으로 깨우치게 한 후, 실제 경제 범죄에서도 이런 부분들이 문제가 된다는 것을 알려주는 식이다. 단순히 뉴스 영상으로 계약과 관련된 경제문제를 접하면 이해하기 어려운 일이 되지만, 스스로 경험한 이런 경험적 사례와 더불어 영상으로 지도하면 나의 일이 되기에 학생들에게 더 잘 각인된다.

개인의 정보보호와
저작권 이해하기

저작권은 창작자에 대한 보호이자,
창조적 활동의 권리와 자유를 보장한다.

– 조지 브랜디

우리 학급은 주로 온라인 애플리케이션을 통한 금융교육을 진행했다. 학생들은 자동 로그인 기능을 걸어두고 학교 태블릿을 이용하여 수시로 자신의 통장 잔액과 투자금액을 확인했는데, 문제는 다른 학생의 태블릿을 건드려 주식을 주인의 허락 없이 팔아버린 상황에서 발생했다. 금전적 손실은 없었지만 이에 대해 지도할 필요가 있었다. 온라인상에서 활용하는 개인정보는 이렇게 실제상황에서 경제적으로 큰 손실을 발생시킬 수 있기 때문에 꼭 지도해야 할 내용이다.

개인정보보호는 6학년 실과에 가장 자세히 나오지만, 꼭 6학년이 아니더라도 모든 학년에서 중요하게 여겨야 할 내용이니만큼 일정 시간을 할애해 지도할 필요가 있다. 인생게임 PPT를 만들어 두 가지 선택지를 주고 학생들이 어떤 활동을 할 때마다 +10점 혹은 -10점 등으로 점수에 차등을 둔다. +가 되는 행동은 개인정보를 보호하는 활동이고, -가 되는 활동은 개인정보를 지키지 못하는 활동으로 선택지를 만들면 된다. 그리고 점수를 계산하게 하여 자신이 해커 등 개인정보를 빼앗으려는 사람으로부터 얼마나 안전한지 체크하게 하면 된다. '주소를 쓰세요'와 같은 동화책을 활용하여 교육하는 방법도 있고, 행정안전부 개인정보보호포털[8]에서 제공하는 교육용 게임을 활용하는 방법도 있다.

개인정보 교육과 더불어 저작권 교육도 함께 진행하면 좋다. 때때

---

8. https://www.privacy.go.kr

로 학생들은 자신의 말에도 저작권이라는 이름을 붙여 다른 학생에게 "너 내 저작권 뺏었잖아!"와 같이 서로에게 상처를 줄 수 있는 말을 한다. 이런 현상은 저학년의 경우에 더 강한데, 저작권에 대한 잘못된 이해가 또 다른 문제를 가져온 셈이다.

저작권 활동은 미술 시간과 연계하여 수업하기 좋다. 우리는 시, 소설, 음악, 미술 등과 같은 '저작물'에 대해 창작자가 가지는 권리를 저작권이라고 한다. 미술품은 학생들의 저작물이기에 만든 학생에게 저작권이 있는 것이다. 여기서는 학생이 자신의 로고나 상징물을 만드는 활동을 진행한 후 저작권의 개념을 설명한다.

학생들에게 자신을 나타내는 로고나 상징물을 만들게 한 후, 한국 저작권위원회에서 제공하는 저작권인증[9]을 약간 변형하여 신청서를 제출하게 했다. 그 후 희망하는 학생에게 저작권을 인정해주고, 모든 미술 시간마다 자신의 로고를 그리거나 붙여넣도록 했다. 이후 다른 미술 활동이 있을 때 미술 활동 후 미술품 경매를 진행했다. 로고가 붙어있는 미술품은 경매금 일부를 저작권자에게 지급하고, 로고가 붙어있지 않은 미술품이나 학생들이 저작권인증을 하지 않고 그려 넣은 로고가 있는 미술품은 경매금을 지급하지 않았다. 이 활동을 진행한 뒤에 저작권에 대해 다시 설명해주면 학생들은 저작권의 개념을 정확히 이해하게 된다.

---

9. https://cras.copyright.or.kr

저작권 교육과 함께 이모티콘 제작에 도전하는 것도 좋다. 학생들의 저작물이 공식적으로 인정받는 것이기에 시도 그 자체로도 의미가 있고, 이모티콘으로 정식 등록된다면 학생에게 저작권이 가지는 가치를 더욱 체험하게 해주는 결과를 가져올 수 있기 때문이다. 이모티콘 제작까지 학생들과 도전해본다면, 이렇게 해보자.

첫 번째, 비언어적 표현에 대한 수업을 진행한다. 여기서 감정과 표정에 대한 수업을 함께 연계하면 더 좋다. 다양한 표정과 감정을 그림으로 나타내야 하기에 사전에 교육한다.

두 번째, 저작권 교육을 마쳤다는 전제하에, 카카오톡 안내에 나와 있는 이모티콘 제작 시 주의사항을 안내한다.

세 번째, 이모티콘 시안을 제작한다. 멈춰있는 이모티콘을 기준으로, 투명 배경에 360*360px 기준 32개의 시안이 필요하다. 종이에 양식에 맞춰 32개의 칸을 만들어두고, 학생들이 칸 안에 그림을 그리도록 한 후 제출하도록 하다.

네 번째, 원하는 학생은 휴대전화 스캔 앱으로 32개의 사진을 찍어 제출한다.

다섯 번째, 카카오톡 이모티콘 스튜디오에 가입한 후 제안하기를 눌러 시안을 제출한다.

이 과정을 거쳐 이모티콘을 제작하고, 학생들과 이 과정을 공유하면 학생들은 자신의 미술작품에 보다 정성을 다하게 된다.

ESG 경영과
환경을 생각하는
경제교육

환경은 사라지면 돈으로 살 수 없다.

— 마리나 실바

지구 환경오염으로 인한 인류 생존의 문제에 세계적 관심이 커지고 있다. 삶의 질이 나아지고 사회가 발전할수록 인류는 점점 더 깨끗한 환경에 대한 기여, 사회에 대한 공헌, 투명한 운영을 실천하는 기업을 찾기 시작했다. 전 세계적으로 '탄소 중립' 실천을 위해 노력하고 있고, 불공정한 거래를 하거나 인권을 탄압하는 행위, 환경오염에 이바지하는 기업을 규제하기 시작했다. 이러한 국제적 상황에 발맞춰 ESG 경영이 화두로 떠올랐고, 세계적인 기업들은 너나 할 것 없이 ESG 전담팀을 만들어 자신들의 경영철학에 녹이고자 노력하고 있다.

이런 상황 속에서 교육과정에도 ESG를 접목하려는 노력이 점차 확대되고 있다. ESG는 환경Environmental, 사회Social, 지배구조 Governance의 약자로 기업이 사회적 책임을 다하는지 확인하는 지표로 쓰인다. 초등에서는 특히 환경과 사회에 대한 분야가 강조되어 제시되고 있다. 교육부는 2022학년도 개정 교육과정부터 전 교과에 생태교육을 포함했으며, 교원들의 환경교육 감수성과 전문성을 신장시키려고 하는 이유도 여기 있다.

경제교실은 경제와 밀접하게 연관되어있는 이슈와 사회적 현상을 대입하기 좋다. 따라서 교실에서는 ESG 환경교육도 쉽게 진행해 볼 수 있다. 예를 들어, 학교에 나뒹구는 우산을 모아 온 후 수리하여 판매한 적이 있었다. 먼저 학생들과 환경교육을 진행한 후 환경보호에 이바지하는 물건들을 판매하거나 재활용하는 활동을 만든 것이다.

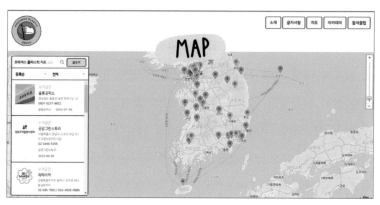

수거공간

이런 활동을 진행할 때, 직접 화폐를 사용하지 않고 병뚜껑이나 폐건전지를 받는 방법도 생각해 볼 수 있다. 폐건전지는 따로 모아서 버려야 하기도 하고, 병뚜껑은 크기가 작은 플라스틱이라 사람 손으로 골라내기가 어려워 일반 쓰레기로 버려진다는 이야기에서 아이디어를 얻었다. 특히나 병뚜껑은 발상을 달리하면 동전과도 같은 화폐단위로 쓰기도 좋기 때문에, 병뚜껑 하나를 500원으로 계산해 우산을 구매할 수 있도록 하거나 다른 환경상품을 판매할 때 거래대금으로 받기 좋다. 병뚜껑은 학급 화폐로 환전해주고, 받은 병뚜껑은 모아서 플라스틱 방앗간 및 관련 기관으로 보낼 수 있다. 이곳에서는 작은 플라스틱을 재가공 및 활용해 물건을 만드는데, 자세한 수거 공간과 내용은 프레셔스 플라스틱 지도[10]에서 참고할 수 있다. 나눔 바자회나 환경보

---

10. https://ppseoul.com/map

호 캠페인 등 다양한 분야에서 이런 방식을 사용할 수 있다. 창의적인 아이디어가 많이 나와서 다양한 환경교실이 만들어지기를 바란다.

세 가지 정치체제를 활용한
민주시민교육

국가는 어느 때나
그 시민들이 행복할 수 있도록 존재해야 한다.

– 토마스 제퍼슨

거듭 강조하지만, 교실은 하나의 작은 사회이자 현실사회의 축소판이다. 따라서 금융과 경제를 교실에 이식할 수 있다면 사회에서 발생하는 다른 모든 것들도 교실에 비슷하게 적용할 수 있다. 경제교실을 운영하면서 실제로 다양한 사회현상을 학급에 도입했고, 그중에서도 특히나 정치체제를 활용한 민주 시민교육은 사회 교과와 함께 시도하기 좋았다.

물론 사회 교과서에 나오는 내용만으로도 학생들이 이해하기에 충분할 수 있다. 하지만 사회와 관련된 문제는 교과서 내용을 강의식으로 이해하는 것보다 체험적으로 느끼게 하는 것이 훨씬 효과가 좋았기 때문에 지속적으로 활용하고 있다. 실제로 학생들도 직접 체험한 것에 대해 더 강렬하게 기억하는 것을 확인할 수 있었다.

경제적 부를 이룬 많은 사람은 공통으로 말한다. 이론을 공부하는 것도 중요하지만, 100만 원이라도 자신의 자본금을 만들어 투자 활동을 직접 해보는 것만 못하다고 말이다. 그만큼 사회현상을 교실에 이식시켜 모의 체험을 하게 만드는 식의 수업은 학생들에게 큰 의미가 있다.

교사들은 이미 자신만의 정치체제를 구축하고 있다. 학생들에게 어느 정도의 자유를 주느냐에 따라 바뀔 뿐이다. 교사의 말로 모든 것이 돌아가는 독재가 될 수도 있고, 삼권분립을 지키되 대통령교사 중심의 체제가 이뤄지게 할 수도 있고, 내각책임제를 채택하여 학생 중심의 운영이 이뤄지도록 할 수도 있다. 당연하겠지만, 각각의 장단점도 현실 세계에서 찾아볼 수 있는 현상과 유사하다. 상황에 따라 교사는 운영 체제를 선택할 수 있다. 나도 다양한 상황을 만들어 시도하던 중 나에게 맞는 방식을 찾았고, 학년이 내려갈수록 교사 중심의, 학년이 올라갈수록 학생 중심의 체제가 적합하다는 것을 깨달았다.

교사 중심의 독재 사회는 학년 초에 적합하다. 큰 틀에서 학생들이 넘지 말아야 할 선을 안내하고, 학생들과 타협이 어려운 부분은 교사의 일방적 지시로 전달한다. 일방적 지시와 독재라는 말에 거부감을 가질 필요는 없다. 교사의 독재는 학급의 적절한 통제를 도와주기 때문이다. 교실에서 규율과 관리, 통제는 원활한 수업과 배움을 위해 꼭 필요하다. 교사 중심으로 활동이 진행되기에 다양한 이견이 제시되거나 학생 간의 갈등이 표면으로 나타나지 않는다. 교사가 제시한 활동을 그저 진행하면 되기에 활동은 일사천리로 진행된다.

물론 단점도 명확하다. 이 시기가 길어지면 학생들은 창의성을 잃게 되고, 교사의 지시와 명령을 기다리게 된다. 모든 과정을 교사에게 물어보고 진행해야 하기에 학생들의 활동 처리 속도가 때로 더 느려질 수도 있으며, 잘못된 경제정책으로 인한 책임도 교사에게 집중된다.

삼권분립이 이뤄지는 와중에 대통령교사 중심의 정치체제를 구축할 수도 있다. 이 방법은 상황에 따라 두 가지 안으로 적용할 수 있다. 대통령 없이 교사가 사법부의 수장이 되어 학생들의 문제 상황에 관한 판단을 내리고, 행정부는 학급대표와 학급대표가 선정한 학생들로 위원회를 구성하여 학급의 세금을 비롯한 경제적 선택을 주도한다. 입법부는 모든 학생이 국회의원으로서 역할을 하도록 하면 삼권분립이 완성된다.

또 다른 방식은 사법부 없이 교사가 대통령이 되고 학급회장을 국무총리로 세워 행정부를 담당하게 하는 것이다. 입법부는 모든 학생이 국회의원으로서 역할을 하게 하면 된다. 나는 전자의 방식을 추천하고 싶다. 더 정확하게 삼권분립의 형태를 보이기 때문에 교육적으로 효과가 좋다. 사법부는 잘잘못을 판단하는 일을 하기에 교사가 아닌 학생에게 담당하게 하면 갈등을 일으킬 소지가 크다. 교사가 사법부를 담당하면 입법부의 불합리한 법을 위헌 판단으로 막기에도 좋고, 행정부를 학생대표가 오롯이 담당하게 되어 보다 주도적이고 책임감 있는 모습으로 학급을 이끌게 된다.

삼권분립의 방식은 독재와 비교해 의사결정의 시간이 오래 걸린다. 교사에게 정말 용인할 수 없는 내용은 헌법으로 만들어 놓고, 사소한 것부터 대부분의 논의를 모든 학생과 함께하기에 때로는 학생들이 힘들어할 수도 있다. 조세저항 등의 경제적 문제에 대한 책임을 행정부가 가지기에 학급대표를 비롯한 지도부에 비난이 향할 수 있다.

하지만 학생들이 주도적으로 학급 운영에 참여하므로 창의적인 제안이 나오고, 대부분 학생은 터무니없는 내용이 어떤 것인지 의식하며 상식적인 선에서 생각하기에 심각한 운영의 문제가 생기지도 않는다.

규칙을 비롯한 모든 내용을 투표로 정하기에 학생들의 참여율이 높고 비교적 결과에 잘 순응한다. 학생대표를 비롯한 행정부에 해당하는 학생들이 비난을 받아 너무 힘들어하지 않도록 행정부 학생들이 인기를 유지할 수 있는 대책을 교사로서 학생들에게 제안할 필요가 있다.

내각책임제는 교실 학생들을 모둠으로 구성하여 정당으로 만들게 하는 방법이다. 학급회장이 속해있는 모둠을 첫 내각으로 만들어서 시작한다. 그 뒤에는 매달 해당 모둠의 활동을 학생들이 투표를 통해 평가하게 하고, 과반이 넘으면 활동을 지속한다. 과반이 넘지 못하는 경우 나머지 모둠 중에서 투표를 통해 다음 달 학급을 이끌 모둠을 선정한다. 학생 개인별로 두 표를 주면, 자신의 모둠_{정당}을 선택하고도 한 표가 남기 때문에 정치적 대화를 통한 연합정부가 구성되기도 한다. '우리 모둠이 너희한테 표를 줄 테니 우리 모둠을 행정부에 넣어달라.' 와 같은 제안 말이다.

모둠원들 모두가 행정부가 되기에, 비교적 많은 학생이 학급을 이끌어 나가는 경험을 할 수 있다는 장점이 있다. 내각이 된 모둠은 학생들의 소위 '민심'에 매우 민감하게 반응하며, 이로 인해 학생 친화적인 학급이 구성된다. 하지만 행정부가 된 학생의 스트레스와 학생 간 갈등을 교사가 잘 해결해야 한다는 단점도 존재한다. 심할 경우 아무도 학급을 이끌려 하지 않는 '무정부 상태'가 발생할 수 있고, 권력을 가지는 모둠이 행정부를 구성하기에 모든 학생을 대표하지 못하고 행정부의 권력이 지나치게 커질 수 있다. 이 경우 교사가 사법부의 역할로 권력을 잡은 모둠을 견제하거나, 불신임을 통해 다른 모둠이 권력을 가져가는 방식을 생각할 수 있다.

경제교실에서 추천하고 싶은 정치체제의 변화는 독재 → 교사가 사법부인 삼권분립 → 내각책임제또는 삼권분립으로 쭉 진행 방식이다. 독재는 학급에 익숙해지는 시간이 필요한 초창기에만 하고, 이후에는 학생들에게 결정하도록 권한을 넘겨주어야 교사가 힘들지 않다. 모든 것을 교사가 하게 되면 학생들은 수동적으로 되고 학급에 참여할 의지를 잃어버린다.

경제교실과 더불어 이처럼 다양한 체제를 학생들에게 적용하면, 학생들의 정치 현상에 대한 이해력 향상에 도움을 줌과 동시에 교사가 경제교실을 운영해가는 것에도 수월함이 생긴다.

유대인의 경제교육에서
얻는 힌트

돈에 대한 교육은 권력에 대한 교육과 마찬가지로,
인간의 삶에서 가장 중요한 부분 중 하나이다.

– 벤자민 프랭클린

'부와 돈'하면 빠지지 않고 언급되는 민족이 있다. 바로 유대인이다. 전통적인 유대인의 토론 교육 방법인 하브루타 교육법이 한때 서점가를 강타하기도 했다. 이처럼 세계 정치와 경제를 아우르며 큰 영향력을 행사하고 있는 유대인의 교육은 우리에게도 큰 시사점이 있다. 유대인이 돈을 벌고 그것을 다시 나누는 과정이, 교실에서 경제교육을 해야 하는 교사들의 고민에 해결책을 제시할 수 있을 것이라 생각한다. 유대인의 경제교육은 부모로부터 자식으로 대를 이어 진행된다. 그들에게 경제교육은 종교의 의미도 담겨있어 비교하기 어려운 부분도 있지만, 경제교육에 대한 힌트를 얻기에는 충분하다.

첫 번째, 언제 돈을 줘야 하는가?

돈은 세상을 돌아가게 만드는 유일한 원동력이 아니다.
그것은 인간 상호작용의 하나의 형태일 뿐이다.
– 마이클 루이스

우리가 참고해야 할 것은 '돈을 줄 때와 주지 말아야 할 때를 명확하게 구분한다.'이다. 처음 경제교육을 접했을 때, 이 사소하지만 중요한 차이를 제대로 인식하지 못했다. '학생들에게 돈을 주고 벌금을 물리는 것을 생각하면 그저 상벌제와 다를 게 없지 않나' 하는 오해를 했었다. 그리고 유대인의 경제교육을 접하게 된 후 빠져있던 생각의 빈

공간을 채울 수 있었다.

유대인 가정에서는 스스로가 해야 하는 일에 돈을 주지 않는다. 자신이 해야 하는 일에는 돈을 주지 않고, 공공의 일이면서 누군가 해야 하는 일을 대신 할 때 돈을 준다고 한다. 교실에서 직업 활동을 하며, 교실 공공의 일로 만들어진 1인 1역에는 학급 화폐를 주지만 수업 태도가 좋다고 학급 화폐를 주거나, 과제물을 열심히 했다고 해서 학급 화폐를 바로 지급하지는 말아야 한다는 근거가 바로 여기에 있다.

수업 참여와 공부, 태도인성 등 학생이 당연히 해야 할 일을 한다고 돈을 주지 않도록 해야 한다. 이것이 무시되면 학생들은 '어? 그럼 나 돈 안 받고 안 해야지.'라는 잘못된 인식을 가질 수도 있고, 돈 받으니 하고 안 받으니 안 한다는 물질만능주의가 교실에 가득해질 수 있다. 학생들이 감사하는 마음을 가지길 바라는 우리의 목표와 정반대의 교육이 펼쳐지게 되는 셈이다. 인성적인 부분은 돈으로 해결되는 문제가 아니다. 인성은 인성교육의 시각으로 접근해야지, 경제 논리로 접근해서는 안된다. 그렇게 되면 우리가 마주하는 경제, 사회적 문제를 교실에서 만나게 될 것이다.

두 번째, 돈을 적게 쓰는 것이 꼭 미덕은 아니다.

> 돈을 다루는 법을 배우지 않으면, 돈은 당신을 다루게 된다.
> – 벤자민 프랭클린

교사는 '돈을 적게 쓰는 것이 꼭 미덕은 아니다.'라는 점을 고려해야 한다. 돈은 쓰기 위해 있는 것이다. 소설 『크리스마스 캐럴』에 등장하는 구두쇠 스크루지의 후회처럼, 무작정 돈을 아낀다고 행복해지는 것은 아니다. 우리는 학생이 행복하고 현명하게 소비하는 방법을 알려주는 것이다. 소비를 경계하고 절약만이 미덕이라고 학생들이 여기도록 해서는 안 된다. 학생들이 돈을 올바른 방법으로 쓰게 하는 것에 초점을 맞춰 지도해야 한다. 돈을 아끼는 것도 좋은 습관이지만, 써야 할 때 적절하게 금액을 계획하여 사용하는 것이 더 중요하다는 것을 학생들에게 알려주어야 한다.

유대인 가정에서는 매주 안식일 시작 전에 용돈을 주고 일정 금액을 저금하게 한다. 그리고 이런 모든 내용을 용돈 기입장에 기록하는 습관을 들이게끔 지도한다. 우리가 적용할 부분은 용돈 기입장에 기록하게 한다는 것이다. 많이 쓰고 적게 쓰고를 평가하는 것이 아니라, 기록한다는 사실에 중점을 둔다. 이 원칙은 초등학교에서 처음 용돈 기입장 쓰는 법을 배울 때도 마찬가지다. 물론 절약은 중요한 습관이지만 무조건 절약하라고 가르치지 않는다. 꾸준히 기록하여 스스로 소비

습관을 알고 현명하게 소비하게 하는 것이 목표다. 용돈 기입장을 사용하여 학급 운영을 하거나, 가정에서 학생을 지도할 때 이를 염두에 두고 지도하자.

세 번째, 다양한 분야의 지식은 늘 도움이 된다.

아는 것은 힘이다.

– 프란시스 베이컨

유대인의 원칙 중에 '다양한 분야의 지식을 알아두는 것이 정확한 판단에 도움을 준다.'라는 내용이 있다. 유대인들은 사업과 장사는 수많은 정보의 모음으로 만들어진 결과이고, 정보를 통한 올바른 의사결정의 연장선에 사업과 장사의 성공이 있다고 믿는다. 내가 모르는 정보와 지식이 있을수록 다양한 분야에 대해 호기심을 갖고 배우고자 노력하는 마음이 유대인에게 부를 가져다준 것이다.

학생들에게 꼭 부를 안기고자 하는 마음이 아니더라도 배움의 목적을 위해 이런 부분을 지도할 필요가 있다. 올바른 의사결정은 다양한 분야에 대한 폭넓은 지식과 이를 활용하는 능력에서 온다는 것을 생각하며 학생들을 지도한다면, 모든 분야에 대한 교육이 곧 경제교육으로 이어져 있다는 사실을 깨달을 수 있다.

혹자는 초등학교에 경제라는 과목이 없으며 다루는 분량도 적다고 한다. 나도 동의하는 부분이지만, 경제가 중요하지 않아서 적은 분량을 차지한다고 생각하는 사람은 아무도 없을 것이다. 경제는 자본주의사회를 사는 우리에게 어느 곳에서나 마주할 수 있다. 따라서 다양한 교실 교과목에서도 경제를 접목하여 교육할 수 있다. 앞서 언급한 다양한 주제들이 연계 교육에 대한 하나의 힌트로써 제안되고 있다. 많은 교사가 다양한 분야를 접목해 자신만의 경제교육을 펼치길 기대한다.

네 번째, 돈은 필요한 것이다.

> 돈은 자유다. 돈이 없다면,
> 당신은 다른 사람의 의지에 얽매이게 된다.
> – 아로르 로란

유대인 경제교육의 출발점은 '돈은 필요한 것이다.'라는 사실을 인정하는 것이다. 탈무드에서는 가난이 죄악이고 돈 걱정이 인생의 모든 걱정에 우선한다는 것을 가르친다. 유대인들은 돈이 자유고, 곧 힘이라는 사실을 알고 있었기에 돈을 죄악시하지 않았다.

하지만 사회의 일부에서나 특히 학교라는 공간에서 교사는 엄격하고 이상적인 모습을 강요받는다. 그런 와중에 신성한 학교에서 돈이라는, 경제라는 세속적인 내용을 다룰 수 있느냐는 시선을 가지는 사람도 있다. 교사 스스로가 그런 생각을 하고 있을 수도 있고, 학부모 혹은 관리자가 표현했을 수도 있다. 하지만 설령 그런 생각을 하는 사람에게도 '돈은 필요한 것이다.'라는 사실은 변하지 않는다.

돈은 필요하고, 올바르게 벌고 올바르게 써야 하기에 학교에서 경제교육이 이뤄져야 한다는 사실을 주변과 자신에게 명확히 인식시키며 교육할 필요가 있다. 어차피 필요한 돈을 잘 가르쳐서 현명하게 사용하게 할 생각을 해야지, 단순히 죄악시하고 금기시하거나, "아직 어리니까 몰라도 돼!"라고 말하며 회피하는 식의 교육 태도는 학생의 경제지능에 도움이 되지 않는다. 돈만 밝히는 것은 문제지만, 과도한 금기시로부터도 자유로워져야 할 것이다.

다섯 번째, 규칙은 곧 계약이다.

규칙을 따르지 않으면 자유도 존재하지 않는다.
– 레오나르도 다 빈치

규칙은 곧 습관이 되고, 습관은 버릇이 되고, 버릇이 일상이 되며, 그것이 삶의 방식이 되고 성격이 되어 삶을 바꾼다. 유대인은 규칙을 정할 때 이 점을 계속 생각하며 아이와 함께 규칙을 정하고, 정한 규칙을 꼭 동의받는다고 한다. 규칙은 곧 계약이기에 동의를 얻어 규칙을 정하고 지킨다.'라는 것이다.

다양한 방식으로 학급규칙을 정하고, 학생들과 생활수칙을 만들었지만 늘 교사만의 외침이 되기 마련이었다. 그런 와중에 가장 효과적이었던 방식은 학생들이 직접 정하고 학생으로부터 동의받으며 반드시 지키도록 마치 '계약'을 한 것이다.

만약 교실에서 현재는 잘 지켜지지 않고 있지만, 꼭 지키게끔 하고 싶은 규칙이 있다면, 학생 스스로의 입으로 그 규칙을 이야기하도록 유도해보자. 교사가 생각하는 바람직한 규칙이 아니라, 학생의 입에서 나오고 학생의 시선에 닿아있는 규칙을 정하고 동의받은 다음 '반드시' 그 규칙을 지키도록 하자.

이런 규칙은 여러 개로 시작할 수 없다. 교육자에게도 힘들고 학생들도 힘들어지기 때문이다. 딱 한 가지 규칙을 정하고 그 규칙이 습관이 될 때까지 지킬 수 있도록 해보자. 한가지가 습관이 되면 그다음 규칙을 함께 정하고 동의를 구하며 같은 과정을 반복하면 된다. 이런 계약의 형태가 될 때 규칙의 무게감이 좀 더 두터워지고 교육적 의미가 더욱 강해지는 것을 느낄 수 있다.

여섯 번째, 라손하라(Lashon hara).

> 남의 결점을 지적하기보다는 나의 장점을 강조하라.
> – 데일 카네기

라손하라Lashon hara는 '나쁜 혀'라는 뜻이다. 타인에 대한 험담뿐

257

만 아니라 사실인 말이 있더라도 타인에 대한 부정적인 말을 하지 말라는 뜻이다. 유대교 율법에서 가장 큰 죄 중 하나로 여겨지는 이 말은 경제교육에서 신뢰의 가치를 알려주기에 충분하다. 유대인은 사업이나 일상생활 혹은 사람에 대해 부정적인 말이 가져오는 결과를 알고 있었다. 경제적으로도 아무런 도움이 되지 않는다는 사실을 잘 알았기에 경제교육뿐 아니라 생활 전반에서 '라손하라'를 강조한 것이다.

학생들에게도 마찬가지다. 친구는 중요하다는 사실을 모두가 알고 있다. 하지만 친구 관계를 어떻게 세워나가야 하는지도 알려주는 것이 필요하다. 관계는 신뢰를 통해 만들어진다. 긍정적인 마음은 상대방에게 호감이 되고, 타인에 대한 험담을 하지 않음으로써 신뢰가 된다. 신뢰받는 사람은 더 많은 기회를 가져간다. 그 안에는 깊은 관계가 형성될 기회부터, 경제적 기회도 포함된다. 교실에서 늘 강조하는 친구와의 관계에 대한 설명이 '라손하라'라는 글자 안에 들어있는 것이다. 상대방을 존중하고 타인에 대한 부정적인 말을 금해야 한다는 사실을 가르치면 학생 간에 신뢰와 감사가 커진다.

일곱 번째, 충분한 휴식과 여유를 가지자.

여유는 더 나은 판단을 내릴 수 있는 시간과 기회를 제공한다.
– 브라이언 트레이시

유대인은 안식일 문화를 가지고 있다. 안식일을 잘 지키는 유대인들은 어떤 일이 있어도 안식일에 일하지 않고 휴식을 즐긴다. 휴식과 여유가 올바른 경제적 의사결정에 도움을 준다는 사실을 알았기 때문이다. 학생들이 돈에 집착하고 과몰입하게 되면 예민해지고 조급해진다. 작은 오해도 큰 갈등으로 번지고, 이런 광경을 여러 번 목격하게 되면 교사도 처음 가졌던 경제교실에 대한 열정이 식는다. 나 또한 경제교실을 운영하며 그런 상황을 마주했을 때 많은 고민을 했다. 이런 상황에서 필요한 것은 여유다. 모든 것을 잠시 미뤄두고 쉬거나 교사의 호흡에 맞게 경제교육의 단계를 조절하는 것이 필요하다.

학생들은 물론 교사에게도 충분한 휴식과 여유가 필요하다. '경제교실이 망하면 어쩌지'하는 생각에 모든 수업의 과정을 조급하게 진행하지 않아도 된다. 교사가 원하는 대로 흘러가지 않는다고 해서 학생들에게 빨리 문제를 해결하도록 재촉하거나, 교사 본인의 감정을 소모하지 않기를 바란다. 모든 교육에는 배움이 있다. 설령 사회에서 이야기하는 '시장실패'가 교실에 일어난다고 하더라도, 그 또한 학생들에게 가르침이 된다. 학생들이 어디에서 시장실패를 경험하겠는가!

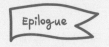

모든 좋은 책을 읽는 것은
지난 몇 세기의 가장 훌륭한 사람들과
대화하는 것과 같다.

– 데카르트

    교실에서 학생들과 지내다보면 다양한 변수를 경험하게 된다. 경제교실이 힘들고 어렵다고 느끼는 교육자가 있다면, 언제 생길지 모르는 변수가 어려움의 큰 부분을 차지할지도 모른다고 생각했다. 일반적인 교실에서도 20~30여 명의 각기 다른 성향을 지닌 학생들이 만들어내는 다양한 상황을 마주하게 되는데, 그들에게 화폐를 주며 경제체제를 만든다는 것은 모험에 가까웠다. 새로운 도전으로 인해 일년의 과정이 더욱 다채로워지기 때문이다.

    최근에는 경제교육과 학급경영을 접목한 경제교실에 대한 경험담이 더 많이 알려지고 많은 사례가 누적되고 있다. 그럼에도 경제교육에 두려움을 가지거나 접근을 망설이는 독자가 있다면, 나도 그런 사람이었고 아직도 시행착오를 거듭한다는 이야기를 책을 통해 전하고 싶었다. 처음 경제교실을 준비할 때는 예상치 못한 변수를 마주할지도 모른다는 불안이 가득했다. 적은 정보들을 토대로 예상되는 시나리오를 그려봤지만, 당연히 모든 것을 예상할 수는 없었다. 학생들의 돌발적인 말과 행동에 어떻게 대처해야 좋을지 고민을 거듭했다. 다양한 문제들을 어느 정도 대처할 수 있는 지금과는 달랐다.

하지만 경제교육이 가진 의미를 알기에 부족하지만 계속 시도하며 도전했다. 학생들과 직접 마주하며 경제교실에서 발생하는 문제를 해결해왔다. 많은 시간 힘들기도 했고 지친 적도 있지만, 그때마다 내가 왜 이 교육을 시작했는지 떠올렸다. 계속해서 언급했듯이 나는 학생들이 부자가 되기를 바란 적은 없다. 다만 올바르게 돈을 벌고, 현명하게 돈을 사용하는 학생들이 되기를 바랐다. 성장하여 어른이 되었을 때 경제를 몰라 손해 보는 일이 생기거나 눈물을 흘리는 일 없이 스스로 이해하고 선택하여 행동할 줄 아는 경제 시민이 되기를 바랐다.

적어도 학창시절 경제교육을 받을 기회가 있었고, 경제교육에 대한 좋은 경험을 간직한 사람이라면, 살아가면서 경제를 더욱 친숙하게 받아들일 수 있을 거라는 믿음이 있었다. 경제교실을 경험한 학생들이 각자의 행복한 기억을 토대로 스스로 현명한 경제인으로서 살아가게 될 것이라는 확신을 하고 있었다.

더 많은 사람이 경제교육에 대한 의미와 자신감을 가지고 내가 경험한 일들을 체험하며 경제교육을 쉽게 시작하길 원했다. 그래서 만들어진 이 책이 부디 경제교육을 시작하는 독자들에게 지름길이 되어주는 책이 되길 바란다. 이 책은 "경제교육을 이렇게 해야합니다!"라고 권하는 책이 아니다. 성공과 실패의 경험을 담아 독자가 나보다 더 나은 경제교육을 할 수 있기를 바라는 마음에서 만들어 낸 책이다. 이 책을 통해 부족한 점을 보완하고, 새로운 나만의 경제교육 아이디어를 덧붙인다면 더 성공적인 경제교육을 해낼 수 있을 것이다.

끝으로 부족한 저자의 원고를 발견하고 다듬어 하나의 책으로 나올 수 있게 도와준 편집팀과 소중한 우리 가족, 나의 가장 가까운 사람들, 경제교육을 시작할 수 있도록 함께하며 큰 도움을 주신 모든 선생님들, 그리고 이 책을 읽고 있을 독자들에게 감사를 전한다.

희온국 헌법

희온국 헌법

[시행 20△△. 3. 29.]

제1장 총강

제1조 ① 5학년 8반은 민주적인 학급(국가)이다.

② 5학년 8반의 주권은 국민에게 있고, 모든 권력은 국민으로부터 나온다.

제2조 ① 5학년 8반의 국민은 20△△년 ☆☆초등학교 5학년 8반 학생과 선생님으로 한다.

② 전학을 가는 학생은 국민의 자격을 잃고 전학을 오는
학생은 새로 국민의 자격을 얻는다.

제2장 국민의 권리와 의무

제3조   모든 국민은 법 앞에 평등하다. 누구든지 개인이 가진 성
별, 신체 특징, 성적, 운동능력, 경제력 등으로 인해 차별을
받지 않는다.

제4조   모든 국민은 직업선택의 자유를 가진다.

제5조   모든 국민은 사생활의 비밀과 자유를 침해받지 아니한다.

제6조   모든 국민은 양심의 자유를 가진다.

제7조   모든 국민의 재산권은 보장된다.

제8조   모든 국민은 5학년 8반 헌법에 따라 생활하며 법을 지키려
고 노력한다.

제9조   ① 모든 국민은 선거권을 가진다.

② 모든 국민은 1인 1표씩을 행사할 수 있다.

③ 모든 국민은 국회의원의 자격을 가진다.

제10조 ① 모든 국민은 안전하고 인간다운 학교생활을 할 권리를
가진다.

② 국가는 사회보장, 사회복지의 증진에 노력할 의무를 진다.

③ 생활 능력이 없는 국민은 국가의 보호를 받는다.

제11조　　① 모든 국민은 납세의 의무를 진다. (세금을 내야 한다.)

　　　　　② 모든 국민은 성실히 교육을 받을 의무를 진다.

제3장　국회

제12조　　입법권(법을 만들고 바꾸는 권리)은 국회에 있다.

제13조　　국회의장 1인은 반장으로 부의장 3인은 부반장으로 한다.

제14조　　① 국회의원은 법을 만들고, 수정하고, 삭제하기 위한 의견
　　　　　을 제출할 수 있다.

　　　　　② 회의는 아침자습시간, 중간 쉬는 시간, 점심시간, 창체
　　　　　시간 등을 활용한다.

　　　　　③ 회의 참석은 자율이며 국회의원의 2/3 이상이 참여하여
　　　　　야 한다.

　　　　　④ 법을 만들고, 수정하고, 삭제하기 위해서는 참가인원의
　　　　　1/2 이상의 동의를 얻어야한다.

제4장　정부

제15조　　① 대통령(선생님)은 제2장에 해당하는 우리 반 구성원의 행
　　　　　복과 안전을 위해 규칙을 수정할 수 있다.

　　　　　② 정부는 법에 따라 학급 살림을 꾸려간다.

제5장 법원

제16조 ① 법원은 정해진 법에 따라 규칙을 어긴 국민에게 벌금
및 벌칙을 부여할 수 있다.

② 법원이 정해지기 전까지는 국가에서 해당 역할을 수행
할 수 있다.

• 아래 내용은 희온국 헌법 제5장 16조 1항에 참고할 수 있는 벌금 종류표이다. 현실반영을 위해 만들어졌지만, 벌금제도의
사용을 권장하고 싶지는 않다. 각 교실의 상황에 맞게 변형하여 사용하면 수업의 체계를 세우는 데에 도움이 될 것이다.

5학년 희온반 벌금 종류표

관련법	종류	내용	벌금(단위:스타)
도로 1조1항	과속	복도를 뛰어다녔을 경우	10
도로 19조3항	도로 혼잡	각 실 이동시 앞/옆/뒤에 있는 사람과 장난을 치고 소곤소곤 이상의 소음이 들리는 경우	10
도로 19조6항	주차 위반	물건을 정해진 곳에 두지 않았을 경우(개인교과서, 교실 물건, 학교 물건 모두 포함)	10
교육 18조3항	소란	수업에 방해되는 행동 또는 말을 했을 경우(최초 1회는 경고)	10
교육 18조2항	지각	선생님께 미리 알리지 않고 합당한 사유 없이 지각할 경우 8시40분 이후	1분당 1
인권 10조1항	폭행	다른 친구의 신체에 폭력을 가했을 경우	100
인권 10조1항	욕설	욕설 또는 욕설을 연상시키는 말, 행동을 했을 경우	20

인권 10조1항	절도	다른 사람의 물건을 훔친 경우	100
인권 10조1항	명예 훼손	친구에 대하여 안 좋은 소문을 내거나 친구가 싫어하는 별명, 말을 했을 경우("하지마"라는 말을 들었을 경우 모두 해당)	30
인권 18조6항	밀반입	학교 내 허락되지 않은 물건 반입시(1회 경고) 벌금을 내고 해당 물건은 선생님이 보관한다.	50
환경 20조1항 환경 20조3항	쓰레기 무단 투기	쓰레기를 정해진 곳에 버리지 않을 경우 분리수거를 제대로 하지 않을 경우	10
금융 21조7항	금융 거래법 위반	실수 또는 고의로 학급화폐 활동에서의 기록을 잘못했을 경우 벌금을 납부하고 잘못된 부분은 수정한다.	100

– 벌금의 종류와 금액은 변경될 수 있습니다.
– 벌금과 더불어 대통령과의 개인 상담이 있다는 점을 명심해야 합니다.
– 거두어진 벌금은 세금으로 국정 운영을 위해 사용됩니다.

제6장 기본예절

제17조　① 학교 구성원(선생님, 학생, 어른)에게 반갑게 인사한다.

② 웃어른에게 예의 있는 말과 행동을 한다.

③ 실내에서는 실내화를 착용하고 모자를 쓰지 않는다.

④ 입에 음식물을 먹으며 이야기하지 않는다.

제7장 교육법

제18조 ① 모든 국민은 국가에서 정한 시간대로 교육을 받아야 한다.

② 수업 시작이 예고되면 바로 수업을 시작할 수 있게 준비한다.

③ 수업 시간에 수업과 관련 없는 내용으로 떠들지 않는다. 이를 어기면 1회 경고 후 벌금을 부과한다.

④ 아침자습시간/활동 후 남는 시간에는 독서 활동을 한다. 다른 활동을 하고 싶으면 자습시간 자유 이용권을 구매한다.

⑤ 학교에서는 연필만을 사용한다.

⑥ 수업과 상관없는 물건은 수업 시간에 꺼내두지 않는다.

⑦ 가정통신문은 제출일까지 가져온다. 분실 시 비용을 지불하고 재발급 받는다.

제8장 도로교통법

제19조 ① 복도 및 교실에서 과속하지 않는다. 과속 기준은 일반적인 사람의 보통 걸음걸이(약 시속 4km)로 대통령이 판단한다.

② 긴급 상황을 제외하고, 단체이동 시 남자/여자 1줄을 기본으로 하며 줄은 번호순으로 서도록 한다.

③ 줄을 서고 이동할 때 장난을 치지 않고, 소곤소곤 이상의 소음이 들리지 않도록 한다.

④ 전담실에서 교실, 교실에서 전담실로 이동할 때에도 21조 1~3항의 복도 통행 규칙을 지켜 이동한다.

⑤ 실내화를 신고 건물 밖에 나가지 않는다.

⑥ 교실에서 사용한 물건은 사용 후 제자리에 둔다. 주차 위반의 경우 정해진 벌금을 낸다.

제9장   분리수거

제20조   ① 쓰레기는 일반쓰레기/종이/플라스틱류로 나누어 버린다.

② 일반쓰레기는 찢어진 작은 종이, 분리수거가 되지 않는 쓰레기, 비닐을 말한다.

③ 정해진 곳 이외의 장소에 쓰레기를 버리지 않는다.

④ 분리수거함이 가득 차면 대통령 또는 분리수거 담당에게 알린다.

제10장   금융거래법

제21조   ① 우리 반 화폐의 단위는 '스타'로 한다.

② 우리 반 화폐는 5학년 8반 교실에서만 사용할 수 있다.

③ 우리 반 화폐는 실제 돈으로 바꾸거나 교실에서 정해진 규칙 이외의 물건을 사거나 서비스를 이용하는 데 쓸 수 없다.

④ 우리 반 화폐를 정해진 규칙 이외의 방법으로 사용하면 통장 사용을 정지한다.

⑤ 우리 반 화폐는 정해진 방법 이외의 방법으로 개인 간의 거래가 불가능하다.

⑥ 모든 국민은 통장정리를 할 의무를 지며, 고의 혹은 실수로 통장 내용을 잘못 적거나 적지 않았을 경우 벌금을 내고 통장 사용을 정지한다.

⑦ 통장을 사용하기 전에 대통령의 확인 도장을 받고 도장이 없는 통장은 사용이 불가능하다.

제11장   노동법

제22조   ① 모든 국민은 1개 이상의 직업을 갖기 위해 노력해야 한다.

② 매달 1회 직업을 새로 정한다.

③ 특정 직업을 희망하는 사람은 자격기준을 만족해야한다.

④ 직업 수행을 제대로 하지 않을 시, 정해진 급여를 삭감하여 지불할 수 있다.

⑤ 새로운 직업을 만들 수 있으며 만들고 싶은 사람은 〈직업 만들기 신청서〉를 제출하고 대통령의 허가를 받아야 한다.

⑥ 개인 사업(슈퍼마켓, 문구점 등)을 하려는 국민은 〈사업자 등록〉을 해야 하며, 정해진 사업자등록비를 납부하여야 한다. 이 조항은 '사업'단계 시작과 함께 적용된다.

⑦ 개인 사업장에서 판매하는 물건은 개인이 외부에서 구입할 수 없다.

제12장   국토법

제21조 ① 모든 국민은 1인당 한 자리를 배정받는다.

② 자리는 매달 한 번(1일) 추첨을 통해 배정한다.

③ 짝은 남녀로 이루어지며 전학 등의 이유로 인원이 홀수인 경우 짝이 없이 앉을 수 있다.

④ 모든 국민은 월급날 국가에 자리임대료를 지불한다.

⑤ 정해진 비용을 지불하면 국가로부터 자리를 구입할

수 있다.

⑥ 구입한 자리는 개인의 소유가 된다.

⑦ 자리를 교환할 때 화폐나 서비스를 교환하는 사람끼리 주고받을 수 없다.

제13장 특수국토(선생님 자리)법

제24조 ① 대통령 자리에는 국민들의 개인정보 등이 있을 수 있으므로 정해진 구역을 넘어오지 않는다.

② 대통령에게 할 말이 있는 사람은 정해진 곳에 서서 이야기한다.

제14장 국민 신용등급

제25조 ① 국민의 신용등급은 1~7등급이 있다(1등급이 최고등급 7등급이 최저등급)

② 모든 국민의 신용등급은 7등급에서 시작한다.

③ 정해진 과제나 제출물, 해야 할 일을 정해진 때에 하면 등급 점수가 올라간다.

④ 정해진 과제나 제출물, 해야 할 일을 정해진 때에 하지 못하면 등급 점수가 낮아진다.

⑤ 신용등급에 따라 특정 직업에 지원하지 못할 수도 있다.

⑥ 신용등급에 따라 은행의 저축금리(이자율)가 달라질 수 있다.

제15장   세금 및 사용료

제26조   ① 모든 국민은 법에서 정하는 내용에 따라 국가에 세금을 내야 한다.

② 나라에서 자리를 배정받은 국민은 자신의 자리 사용료를 세금으로 낸다.

③ 모든 국민은 매달 건강보험료를 납부한다.

④ 모든 국민은 매달 전기사용료를 납부한다.

제27조   ① 국가는 국민의 학교생활에 도움을 주기 위하여 세금을 사용한다.

② 국가는 아래 항목에 세금을 사용할 수 있다.

- 교실 물품 구입, 쓰레기 처리비용, 전학생 정착지원금, 국민문화생활지원(영화상영, 체육활동 등), 공무원의 봉급, 교실 물건 수리, 교실 환경 구성 및 그 외에 국민의 학교생활에 필요한 곳에 공공의 이익을 위해 사용한다.

제16장 대통령에게 알릴 의무

제28조 ① 국민 간의 심한 다툼, 왕따, 괴롭힘, 관계 문제 등은 반드시 대통령에게 알린다. (해결된 문제라도 알려야 한다.)

② 대통령을 만나서 이야기하기 어려운 경우에는 전화나 문자로 알린다.

③ 학교생활 중 친구가 다친다면 먼저 보건실로 데려간 뒤 대통령에게 바로 알린다.

④ 전화나 문자로 알리는 경우 기본적인 통화 예절을 갖추어서 연락한다.

제17장 헌법의 추가/수정/삭제

제29조 ① 우리 반 헌법을 추가/수정/삭제하기 위해서는 정해진 절차를 거쳐야 한다.

② 추가/수정/삭제하고 싶은 규칙이 있는 국민은 〈규칙 제안서〉를 양식에 맞게 작성하고 본인을 제외한 국민 4명이 동의한다는 서명을 받아야 한다.

③ 완성된 〈규칙제안서〉는 대통령에게 제출한다.

④ 대통령과 국회의장, 부의장들은 2주일에 한 번 회의를 통해 〈규칙 제안서〉를 확인한다.

⑤ 우리 반 의회에서 국민의 2/3이상이 참석하고 참석한 사람의 1/2 이상이 동의하면 우리 반 헌법을 추가/수정/삭제한다.

⑥ 대통령은 우리 반 전체의 행복하고 공평한 학교생활을 위해 특별히 필요한 경우에 한하여 위의 절차를 거치지 않고 헌법을 추가/수정/삭제할 수 있다. 단, 꼭 필요한 경우에 한해 최소한으로 한다.

제18장 전학생 특별법
[제정 2021.08.31.]

제30조 ① 전학생은 전학 초 1개월 직업선택에서 제외된다.

② 전학생에게는 국가적응지원금 300스타를 일괄 지급한다.

③ 14장 25조 2항에 의하여 신용등급은 7등급으로 시작한다.

제19장 실업자 특별법
[제정 2021.10.26.]

제31조 ① 실업자 보험을 만들어 실업자를 지원한다.

② 보험기금은 전 국민에게 동일한 금액을 받고, 추가로 기부를 원하는 자의 기부를 받아 마련한다.

초등경제교육

초판인쇄 2024년 01월 19일
초판발행 2024년 01월 19일

지은이 김건
발행인 채종준

출판총괄 박능원
책임편집 구현희 · 유나
디자인 홍은표
마케팅 조희진
전자책 정담자리
국제업무 채보라

브랜드 크루
주소 경기도 파주시 회동길 230 (문발동)
투고문의 ksibook13@kstudy.com

발행처 한국학술정보(주)
출판신고 2003년 9월 25일 제406-2003-000012호
인쇄 북토리

ISBN 979-11-6983-872-6 03370